評価の手順と明細書の書き方がゼロからわかる

ヒヤリハットで身につく
取引相場のない
株式評価の
キホン

第2版

税理士 橋本達広 著

税務経理協会

改訂版刊行にあたって

初版については，取引相場のない株式評価の実務にこれから携わっていく人に向けて，筆者の実務経験をもとに事例を入れながらなるべくわかりやすく，かつ，実務に役立つように解説していきました。

今回の第２版では，細かい表現や資料等の更新を行うとともに２つの改訂を行いました。

１つ目は，本書の特徴である株式評価の実務上ミスの多いケースを解説する「ヒヤリハット事例」について，新たに６つの事例を追加しました。

２つ目として，最終章の第10章に，取引相場のない株式の承継方法についての概要と考え方を簡潔に解説し追加しました。取引相場のない株式の評価は，評価自体を行うことがゴールではなく，評価を行った後，お客様に円満かつ円滑な事業承継のための適切な承継方法を提案することがゴールであると考えています。初版で解説を行っていた評価額の引下げ方法に付け加える形で追記しています。

取引相場のない株式評価について理解が進んだ際には，評価した株式をどのように後継者に承継していくのかという点について，お客様と一緒に考えてもらえればと思います。

本書がよりわかりやすく，取引相場のない株式の評価を初めて行うような方々にとって，簡潔な専門書として少しでもお役に立てれば幸いです。

最後になりましたが，改訂版刊行の機会をいただきました株式会社税務経理協会の中村謙一氏に心より感謝申し上げます。

2022年10月

橋本　達広

はじめに

少子高齢化が進んだ現在，中小企業の事業承継が日本経済の重大な課題となっています。65 歳以上の人口が総人口の約 3 割を占めるようになった現状は，中小企業においても他人事ではありません。

2017 年に経済産業省と中小企業庁が出した試算によれば，今後 10 年の間に 70 歳を超える中小企業経営者・小規模事業者は 245 万人となり，その内の約半分は後継者が定まらないままであるとされています。結果，中小企業等の廃業や休業で 2025 年までには約 650 万人の雇用と約 22 兆円の GDP が失われる可能性があります。

こうした状況を回避するために，近年 M&A が注目されており，令和 3 年度の税制改正においても中小企業の M&A を促進するように「中小企業の経営資源集約化税制（中小 M&A 税制）」が創設されました。

しかしながら，今後も事業承継の中心は親族承継や社内承継であり続けるはずです。その時に，中小企業に一番近い立場の専門家である税理士による事業承継支援が不可欠であると考えています。そして，その事業承継支援の入口に当たるのが取引相場のない株式の評価となります。

本書では，取引相場のない株式の評価において作成しなければならない，評価明細書の基本的な記載手順や記載方法を評価明細書の順番に沿って解説しつつ，実際に筆者が評価を行う上で，誤ってしまった，または，誤りそうになってしまった事例をヒヤリハット事例として数多く解説しています。これらの事例は，これから取引株式のない株式の評価を行う方であれば誰しもが一度はヒヤリとするような項目になっているはずです。全体的に基礎的な内容ではありますが，なるべく実務的に役立つものとしました。また，株式の承継に係る税負担をなるべく少なくして円滑な事業承継を実現するために，通常の取引相場のない株式の評価方法の解説にプラス α として，株式の評価額の引下げ方法も最後に解説しています。

現経営者の高齢化が進み，事業承継が喫緊の課題となっている現状を考えれば，今後の実務において取引相場のない株式の評価はより一層，税理士の業務として重要性が高くなるはずです。

本書によって，少しでも多くの方に取引相場のない株式の評価を身近に感じていただき，その結果として，多くの中小企業の円滑な事業承継の一助となれば幸いです。

最後になりますが，本書の刊行にあたり大変なご尽力をいただきました税務経理協会の中村謙一氏に心から感謝申し上げます。

2021年9月

橋本　達広

CONTENTS

第２章　株主区分の判定

第１表の１　評価上の株主の判定及び会社規模の判定の明細書

第４章　特定の評価会社の判定

第２表　特定の評価会社の判定の明細書

第 8 章　特定の評価会社の評価額の算定

第 6 表　特定の評価会社の株式及び株式に関する権利の価額の計算明細書

第 9 章　株式等保有特定会社の評価額の算定

第 7・8 表　株式等保有特定会社の株式の価額の計算明細書

第 10 章　株式の承継方法と評価額の引下げ方法

【凡例】

本文中で使用している主な法令等の略語は，以下のとおりです。

財産評価基本通達　→　評基通

第1章

取引相場のない株式の評価の基本的な考え方と評価明細書

1　取引相場のない株式の評価方法

「取引相場のない株式」とは，「上場株式」及び「気配相場等のある株式」以外の株式をいいます。税理士事務所が関与している顧問先の株式については，ほぼこの取引相場のない株式に該当するのではないでしょうか。

上場会社等の取引相場のある株式は，市場における「客観的交換価値」をおおむね即時に把握することができますが，中小企業のような上場していない会社の株式を評価する場合，客観的な数値がありません。

しかし，株式を相続・贈与等によって承継する際に，申告・納税をするためには，その株式の評価額を算出する必要があります。そこで，国税庁では「財産評価基本通達」を制定し，その中の「取引相場のない株式等の評価」の部分において，取引相場のない株式の評価の方法を具体的に定め，その内部的な取扱いを統一するとともに，これを納税者に公開して，納税者の申告・納税の便に供しています。

取引相場のない株式と一言で言っても，その中には上場会社に近い規模の大きな会社から，個人事業並みの規模の小さな会社まで，その内訳は千差万別です。そこで，財産評価基本通達では，取引相場のない株式の発行会社を規模に応じて大会社・中会社・小会社に区分し，その区分に応じてそれぞれに即した評価方式が定められています。具体的には類似業種比準方式と純資産価額方式の２つの評価方式があり，類似業種比準方式は評価会社と事業内容が類似する上場会社の株価をもとに評価会社の株価を求める方法であり，会社の規模が上場会社に近い大きな会社の評価に向いています。これに対して純資産価額方式は，評価会社の純資産（清算価値）をもとに評価会社の株価を求める方法であり，会社の規模が個人事業に近い小さな会社の評価に向いています。よって，会社の規模が大きくなるほど類似業種比準方式の適用割合が高くなり，反対に規模が小さくなるにつれて純資産価額方式の適用割合が高くなるイメージになります（評基通 179）。

また，取引相場のない株式を取得した者が，その会社の支配権を有する同族株主等に該当するのか，それとも支配権を有しない同族株主等以外の株主なのかによっても評価方法が変わってきます。株式を取得した者が，自己の意思を経営に反映させ経営参画を目的としている株主なのか，それとも，その株式所有による配当金を目的としている株主なのかを判定し，その立場に応じた評価方式が定められています。具体的には，同族株主等であれば，その者の取得した取引相場のない株式に係る評価は原則的評価方式により，同族株主等以外の株主であれば，その者の取得した取引相場のない株式の評価は特例的評価方式によることが定められています（評基通 188）。

最後に，評価会社の資産の保有状況や，営業の状態等によっては，上記の原則的評価方式によらず，特定の評価会社の類型ごとに「一般の評価会社」に認められている評価方式とは異なった，より実態に即した評価方式が合理的である場合があります。その場合には「特定の評価会社」として別途評価方式が定められています（評基通 189）。

このように，取引相場のない株式の評価は，評価会社の事業内容や，会社の規模，株主の構成等によって評価方式が会社ごとに異なります。

2 取引相場のない株式（出資）の評価明細書

取引相場のない株式（出資）の評価明細書とは，前節の基本的な考え方に則って，相続税または贈与税の申告に際し，取引相場のない株式及び持分会社の出資等並びにこれらに関する権利の価額を評価するための明細書です。

相続税または贈与税の納税義務者で取引相場のない株式等を取得した者は，相続税または贈与税の申告書にこの明細書を添付して申告をすることになります。取引相場のない株式の評価明細書の一般的な作成手順と，その評価に使用するそれぞれの評価明細書は以下のとおりです。国税庁ホームページから入手できる明細書の見本は，各章の冒頭に掲載しています。なお，**(1)** ～ **(8)** の

[一般的な作成手順]

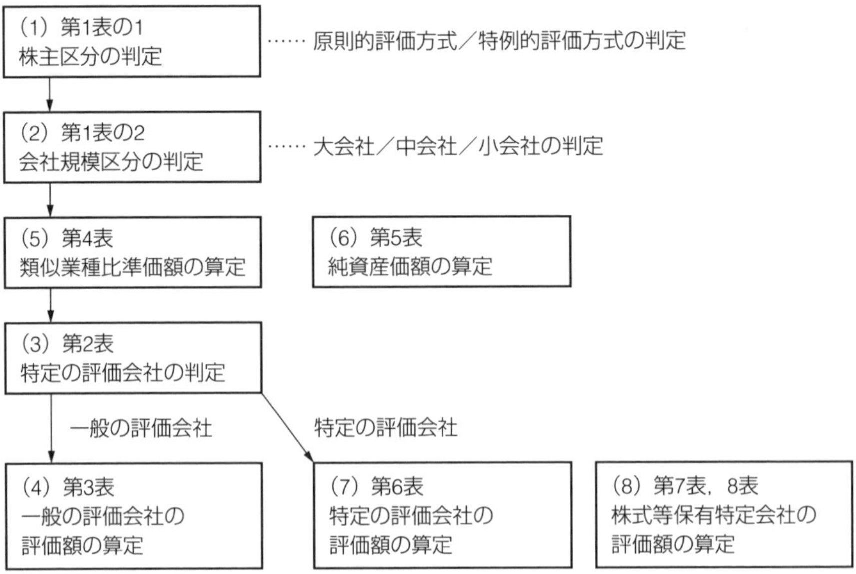

番号は第２章以降で評価明細書を解説していく順番となっています。

(1)　株主区分の判定
(第１表の１：評価上の株主の判定及び会社規模の判定の明細書)

納税義務者の株式取得後の議決権割合等に応じて，納税義務者が同族株主等に該当するか否かを区分し，評価方式が原則的評価方式と特例的評価方式のいずれによるのかを判定するための明細書です。

(2)　会社規模区分の判定
(第１表の２：評価上の株主の判定及び会社規模の判定の明細書（続))

評価会社の従業員数，取引金額（売上高)，総資産価額に応じて，評価会社の会社規模が大会社・中会社（大・中・小)・小会社のいずれに該当するか判定するための明細書です。

(3)　特定の評価会社の判定
(第２表：特定の評価会社の判定の明細書)

評価会社が特定の評価会社に該当するか否かを判定するための明細書です。なお，第２表を作成するためには後の第４表，第５表を先に作成する必要があります。

(4)　一般の評価会社の評価額の算定
(第３表：一般の評価会社の株式及び株式に関する権利の価額の計算明細書)

評価会社が特定の評価会社に該当しない場合に，最終的な評価額を算定するための明細書です。なお，第３表を作成するためには後の第４表，第５表を先に作成する必要があります。

(5)　類似業種比準価額の算定
（第 4 表：類似業種比準価額等の計算明細書）

評価会社の類似業種比準方式による評価額を算定するための明細書です。

(6)　純資産価額の算定
（第 5 表：1 株当たりの純資産価額（相続税評価額）の計算明細書）

評価会社の純資産価額方式による評価額を算定するための明細書です。また，株式等保有特定会社及び土地保有特定会社の判定に必要な数値もこの明細書に記載します。

(7)　特定の評価会社の評価額の算定
（第6表：特定の評価会社の株式及び株式に関する権利の価額の計算明細書）

評価会社が特定の評価会社に該当する場合に，最終的な評価額を算定するための明細書です。なお，評価会社が株式等保有特定会社に該当する場合に，第 6 表を作成するためには後の第 7 表，第 8 表を先に作成する必要があります。

(8)　株式等保有特定会社の評価額の算定
（第 7 表：株式等保有特定会社の株式の価額の計算明細書）

評価会社が株式等保有特定会社に該当する場合に，その株式の価額を「S_1+S_2」方式によって評価するときにおいて，S_1 における類似業種比準価額の修正計算を行うための明細書です。

「S_1+S_2」方式とは，株式の保有に係る部分以外の要素により計算した価額（S_1）と株式の保有に係る要素により計算した価額（S_2）に分け，それぞれの評価額を合算して最終的な評価額を算定する方法です。

なお，S_1 は一般の評価会社に準じて類似業種比準方式，純資産価額方式またはその併用方式で評価し，S_2 は純資産価額方式で評価します。

(9)　株式等保有特定会社の評価額の算定

(第 8 表：株式等保有特定会社の株式の価額の計算明細書（続))

評価会社が株式等保有特定会社に該当する場合に，その株式の価額を「S_1＋S_2」方式によって評価するときの S_1 における純資産価額の修正計算及び 1 株当たりの S_1 及び S_2 の金額の算定を行うための明細書です。

取引相場のない株式の評価方式と使用する取引相場のない株式（出資）の評価明細書の関係をまとめると以下のとおりとなります。

[取引相場のない株式の評価方式まとめ]

<table>
<tr><th>（1）株主判定
（第１表の１）</th><th colspan="2">（2）～（3）評価会社の判定
（第１表の２・第２表）</th><th>（4）～（8）評価方法
（第３表～第８表）</th><th>使用する
明細書</th></tr>
<tr><td rowspan="8">原則的評価方式が適用される株主</td><td>一般の評価会社</td><td>（大会社・中会社・小会社）</td><td>類似業種比準方式・純資産価額方式により評価</td><td>第３表
第４表
第５表</td></tr>
<tr><td rowspan="7">特定の評価会社</td><td>比準要素数１の会社
（大会社・中会社・小会社）</td><td>類似業種比準方式・純資産価額方式により評価</td><td>第４表
第５表
第６表</td></tr>
<tr><td>株式等保有特定会社
（大会社・中会社・小会社）</td><td>純資産価額方式と「S1＋S2」方式のいずれか低い金額</td><td>第４表
～
第８表</td></tr>
<tr><td>土地保有特定会社</td><td>純資産価額方式</td><td>第５表
第６表</td></tr>
<tr><td>開業後３年未満の会社・比準要素数０の会社</td><td>純資産価額方式</td><td>第５表
第６表</td></tr>
<tr><td>開業前・休業中の会社</td><td>純資産価額方式</td><td>第５表
第６表</td></tr>
<tr><td>清算中の会社</td><td>清算分配見込額を基礎にした価額</td><td>明細書なし（※）</td></tr>
<tr><td rowspan="8">特例的評価方式が適用される株主</td><td>一般の評価会社</td><td>（大会社・中会社・小会社）</td><td rowspan="6">配当還元方式
原則的評価方式
のいずれか低い金額
※　配当還元方式の方が明らかに低い場合には，原則的評価方式による評価は不要</td><td>第３表
第４表
第５表</td></tr>
<tr><td rowspan="7">特定の評価会社</td><td>比準要素数１の会社
（大会社・中会社・小会社）</td><td>第４表
第５表
第６表</td></tr>
<tr><td>株式等保有特定会社
（大会社・中会社・小会社）</td><td>第４表
～
第８表</td></tr>
<tr><td>土地保有特定会社</td><td>第５表
第６表</td></tr>
<tr><td>開業後３年未満の会社・比準要素数０の会社</td><td>第５表
第６表</td></tr>
<tr><td>開業前・休業中の会社</td><td>純資産価額方式</td><td>第５表
第６表</td></tr>
<tr><td>清算中の会社</td><td>清算分配見込額を基礎にした価額</td><td>明細書なし※</td></tr>
</table>

（※）実務上は第５表を準用して評価します。

3 評価明細書の作成準備

(1) 評価会社からのヒアリング

取引相場のない株式の評価を行うにあたっては，評価会社の担当者への評価会社の事業内容や，その株式を評価するにあたって必要な事項のヒアリングから始めます。

特に **(2)** の資料収集からは，判断できない内容をあらかじめピックアップして，直接説明を聞くことが大切です。また，概要を把握することによって，評価作業の大まかな作業ボリュームが分かりますので，作業スケジュールや見積りも提示しやすくなるでしょう。

一般的な確認事項は以下のとおりです。

確認事項	確認用途
会社の概要	評価明細全般
会社の株主構成等(注1)	株主区分の判定
売上高の内訳(注2)	会社規模区分の判定，類似業種比準価額の算定
直前期の従業員数	会社規模区分の判定
非経常的な利益金額，配当金額	類似業種比準価額の算定
雑収入や雑損失の内訳	類似業種比準価額の算定
電話加入権の本数	純資産価額の算定
不動産の所在地・利用状況	純資産価額の算定
借地の有無	純資産価額の算定
特別償却・圧縮記帳の有無	純資産価額の算定
死亡に伴う生命保険金・死亡退職金・弔慰金の有無	純資産価額の算定
過去の組織再編成等の有無	純資産価額の算定

（注1）について，評価にあたっては，課税時期における評価会社の株主構成及びその議決権割合を確認する必要があります。具体的には，相続，遺贈または贈与により株式を取得した者の取得後の株式数及び議決割合だけでなく，その他の株主や株主グループの保有する株式数及び議決権割合についても確認しないと株主区分を正確に判定することができません。

また，株主名簿に記載された株主名や保有する株式数と，真実の株主名や株式数が相違することがあります（いわゆる名義株）。その名義株の実質的な帰属が被相続人であると判断されるときは，相続財産として課税対象になります。また，株主区分の判定においても，実際の権利者が所有するものとして判定することになるので，あらかじめヒアリングや資料から過去の株主の異動の状況等を把握することが大切です。

（注2）について，評価にあたっては，評価会社の業種目を正確に把握する必要があります。1つの事業のみを営んでいる会社の場合には，業種目の判定は比較的容易ですが，複数の事業を営む会社については，ヒアリングや資料から，適切な業種目の判定を行えるようにすることが大切です。

(2) 資料収集

取引相場のない株式の評価にあたっては，評価会社より，評価に際し必要な資料を収集する必要があります。顧問先であれば資料の収集は比較的スムーズかもしれませんが，顧問先ではない，または，新たに顧問先になった会社の案件では，手元に何も資料がない状態からのスタートになるので初回の資料リクエストが非常に大事になります。

評価に必要な資料は会社ごとに異なるので，いかに資料を正確に集められるかという点が，評価をスムーズに行う上で重要なポイントになります。

一般的な初回のリクエスト資料は以下のとおりです。

必要資料	使用用途
会社の登記事項証明書	設立年月日，発行済株式数，種類株式の有無，役員のチェック等
定款	属人的株式，持分の承継の可否のチェック等
直近の株主名簿（親族図を含む）	株主区分の判定
出資関係図	株主区分の判定
過去３期分の決算・申告書類一式	評価明細全般
課税時期の決算・申告書類一式（仮決算方式による場合）	純資産価額の算定
直前期末の固定資産台帳	純資産価額の算定
課税時期の属する年分の固定資産税の課税明細書	純資産価額の算定
土地・建物賃貸借契約書	純資産価額の算定
土地・建物の謄本・公図・測量図	純資産価額の算定
土地の無償返還に関する届出書・相当の地代の改定方法に関する届出書	純資産価額の算定
有価証券の明細書（銘柄・株数）	純資産価額の算定
取引相場のない株式を保有している場合にはその評価明細書	純資産価額の算定
配当金支払通知書	純資産価額の算定
保険証券，解約返戻金資料	純資産価額の算定
ゴルフ会員権やリゾート会員権の証書等	純資産価額の算定
過去に相続税や贈与税の申告のために評価をしたことがある場合には，その評価明細書	評価明細全般

評価会社からのヒアリングや資料収集で気をつけるべきポイントは，評価会社の決算書に記載のない項目についても，漏れなく資料を収集する必要がある点です。

例えば，全損タイプの生命保険や経営セーフティ共済を過去に支払っている場合には，貸借対照表に記載がないことが多いため，資料の請求が漏れてしまう可能性があります。また，土地をオーナー個人が所有しており，評価会社がその土地の上に建物を建築している場合の借地権なども，権利金の支払いがないケースが実務上はほとんどですので，こちらも決算書を見ただけでは計上の要否について判断がつかないでしょう。

また，非経常的な利益金額や配当金額などについても決算書だけでは判断がつかないケースが多いといえます。

昔からの顧問先であれば，過去の会社の内容も把握できているため漏れは少なくなると考えられますが，顧問先ではない会社や，新たな顧問先の株式評価をする場合には，決算書からは見えない情報までヒアリングや資料収集で確認するようにしましょう。

まずは，これらの情報や資料を揃えた上で，先ほどの［一般的な評価手順］のフローチャートに沿って評価会社の株式の評価額の算定を行うこととなります。次章からは各評価明細書の具体的な記載方法及び実際に著者が実務上経験したヒヤリハット体験事例を評価明細書ごとに解説していきます。

第2章

株主区分の判定

第１表の１
評価上の株主の判定及び
会社規模の判定の明細書

第１表の１　評価上の株主の判定及び会社規模の判定の明細書

整理番号	

（取引相場のない株式（出資）の評価明細書）

（平成三十年一月一日以降用）

会社名	（電話　　　）	本店の所在地			
代表者氏名		事業内容	取扱品目及び製造、卸売、小売等の区分	業種目番号	取引金額の構成比
課税時期	年　月　日				%
直前期	自　年　月　日 至　年　月　日				

1．株主及び評価方式の判定

判定要素（課税時期現在の株式等の所有状況）

氏名又は名称	続柄	会社における役職名	㋑株式数（株式の種類）	㋺議決権数	㋩議決権割合（㋺/④）
	納税義務者		株	個	%
自己株式					
納税義務者の属する同族関係者グループの議決権の合計数				②	⑤（②/④）
筆頭株主グループの議決権の合計数				③	⑥（③/④）
評価会社の発行済株式又は議決権の総数			①	④	100

判定基準

納税義務者の属する同族関係者グループの議決権割合（⑤の割合）を基として、区分します。

区分	筆頭株主グループの議決権割合（⑥の割合）			株主の区分
	50%超の場合	30%以上50%以下の場合	30%未満の場合	
⑤の割合	50%超	30%以上	15%以上	同族株主等
⑤の割合	50%未満	30%未満	15%未満	同族株主等以外の株主

判定

同族株主等（原則的評価方式等）	同族株主等以外の株主（配当還元方式）

「同族株主等」に該当する納税義務者のうち、議決権割合（㋩の割合）が5%未満の者の評価方式は、「2. 少数株式所有者の評価方式の判定」欄により判定します。

2．少数株式所有者の評価方式の判定

判定要素

項目	判定内容
氏名	
㋥役員	である〔原則的評価方式等〕・でない（次の㋭へ）
㋭納税義務者が中心的な同族株主	である〔原則的評価方式等〕・でない（次の㋬へ）
㋬納税義務者以外に中心的な同族株主（又は株主）	がいる（配当還元方式）・がいない〔原則的評価方式等〕 （氏名　　　）
判定	原則的評価方式等　・　配当還元方式

1　関連用語の定義

この明細書の作成にあたっては，関連用語を理解することが重要なポイントになります。主な関連用語の定義は以下のとおりです。

(1)　筆頭株主グループ

筆頭株主グループとは，評価会社の株主の中で議決権割合が 1 番大きい株主 1 人及びその株主の同族関係者の株主グループのことをいいます。

(2)　同族関係者

同族関係者とは，株主と同族関係にある個人及び，株主と同族関係にある会社をいいます。

株主と同族関係にある個人とは以下の個人をいいます。

①　株主の親族

親族とは，配偶者及び 6 親等内の血族，3 親等内の姻族をいいます。

②　株主と婚姻の届出をしていないが，事実上婚姻関係と同様の事情にある者

③　個人株主の使用人

④　①から③以外の者で，個人株主から受ける金銭その他の資産によって生計を維持している者

⑤　②から④に掲げる者と生計を一にするこれらの者の親族

株主と同族関係にある会社とは以下の会社をいいます。

(i) 会社の株主の1人（個人である判定会社株主等については，その1人及びこれと上記の同族関係のある個人をいう）が他の会社を支配している（他の会社の発行済株式または出資（その有する自己の株式または出資を除きます）の総数または総額の100分の50を超える数または金額の株式又は出資を有する場合等をいいます）場合における当該他の会社

(ii) 判定会社株主等の1人及びこれと(i)に規定する特殊の関係のある会社が他の会社を支配している場合における当該他の会社

(iii) 判定会社株主等の1人及びこれと(i)，(ii)に規定する特殊の関係のある会社が他の会社を支配している場合における当該他の会社

(3) 中心的な同族株主

中心的な同族株主とは，同族株主のいる会社の株主で，課税時期において同族株主の1人並びにその株主の配偶者，直系血族，兄弟姉妹及び1親等の姻族（これらの者の同族関係者である会社のうち，これらの者が有する議決権の合計数がその会社の議決権総数の25％以上である会社を含みます）の有する議決権の合計数がその会社の議決権総数の25％以上である場合におけるその株主をいいます。

(4) 中心的な株主

中心的な株主とは，同族株主のいない会社の株主で，課税時期において株主の1人及びその同族関係者の有する議決権の合計数がその会社の議決権総数の15％以上である株主グループのうち，いずれかのグループに単独でその会社の議決権総数の10％以上の議決権を有している株主がいる場合におけるその株主をいいます。

(5)　役員

役員とは，社長，理事長のほか，次に掲げる者をいいます。

・代表取締役，代表執行役，代表理事

・副社長，専務，常務その他これらに準ずる職制上の地位を有する役員

・取締役（指名委員会等設置会社の取締役及び監査等委員である取締役に限ります），会計参与及び監査役並びに監事

2　株主区分の判定方法

取引相場のない株式の評価は，評価会社の規模に応じ，原則として類似業種比準方式，純資産価額方式及びこれらの併用方式によって評価することとされています（評基通 178，179）。しかし，議決権割合が少ない株主等（少数株主）が所有する株式については，特例的評価方式（配当還元方式）で評価することが認められています（評基通 188）。

そこで，この第 1 表の 1「評価上の株主の判定及び会社規模の判定の明細書」では，相続等または贈与により株式を取得した者が，原則的評価方式が適用される株主であるのか，特例的評価方式が適用される株主であるのかを，株式取得後の議決権割合に基づいて納税義務者 1 人 1 人について判定します。

具体的な判定方法をフローチャートにすると次頁のようになります。

[株主区分判定のフローチャート（同族株主のいる会社）]

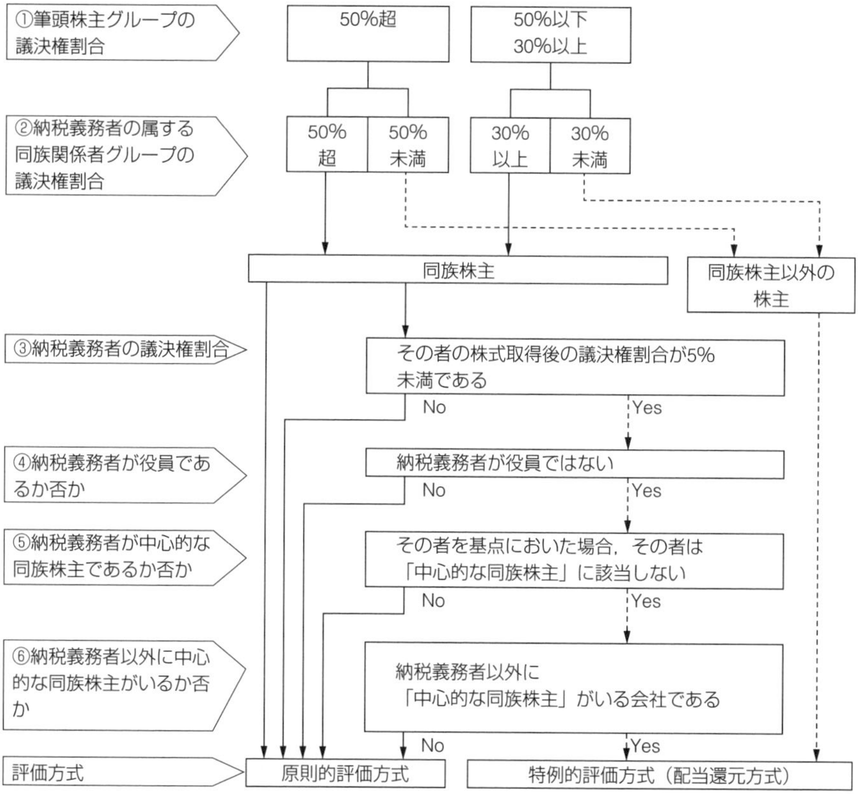

[株主区分判定のフローチャート（同族株主のいない会社）]

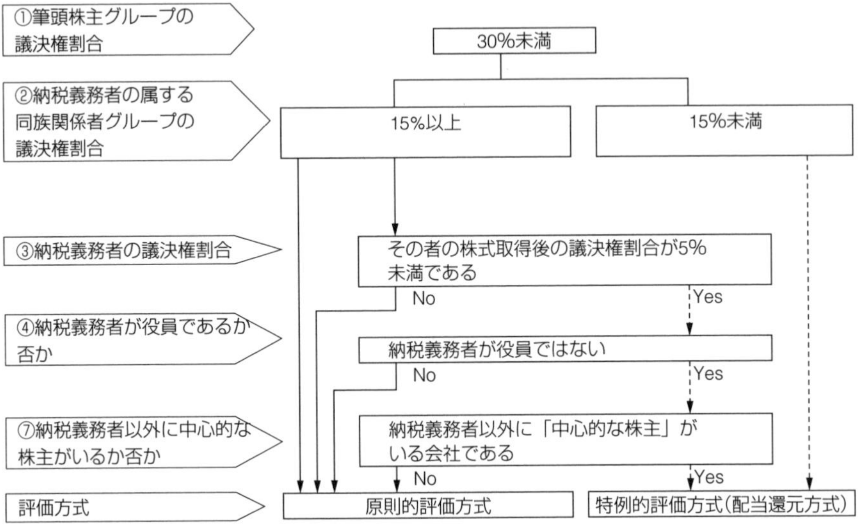

(1) 手順① 筆頭株主グループの議決権割合

株主名簿やヒアリング等の結果から，株主の１人及びその同族関係者の有している議決権割合を算定します。その株主グループのうち，最も議決権割合の多い筆頭株主グループの議決権割合が30％以上である場合には，その筆頭株主グループによる会社の支配が行われているということになり，会社の経営を支配している同族株主がいる会社ということになります。反対に30％未満である場合には，会社の経営を支配している同族株主がいない会社ということになります。

筆頭株主グループの議決権割合が50％超，30％以上50％以下，30％未満の３つのいずれに該当するのかを判断し，「同族株主のいる会社」と「同族株主のいない会社」に区分した上で 手順② に進みます。

(2) 手順② 納税義務者の属する同族関係者グループの議決権割合

納税義務者の属する同族関係者グループの議決権割合をフローチャートにあてはめます。例えば，同族株主がいる会社において筆頭株主グループの議決権割合が50%超で納税義務者の属する同族関係者グループの議決権割合が35%の場合には，50%未満の区分に該当し，同族株主以外の株主となることから，特例的評価方式が適用されることになります。反対に，この判定で特例的評価方式に該当しない場合には 手順③ に進みます。

(3) 手順③ 納税義務者の議決権割合

納税義務者の議決権割合をフローチャートにあてはめ，5%以上に該当すれば，会社の経営に関与する株数を有していると考えられ原則的評価方式が適用されます。反対に，5%未満である場合には 手順④ に進みます。

(4) 手順④ 納税義務者が役員であるか否か

納税義務者が課税時期または申告期限において役員であれば，会社の経営に関与していると考え，原則的評価方式が適用されます。反対に，役員でない場合で，同族株主のいる会社の場合には 手順⑤ に，同族株主のいない会社の場合には 手順⑦ に進みます。

(5) 手順⑤ 納税義務者が中心的な同族株主であるか否か

同族株主のいる会社において，納税義務者の属する同族関係者グループの議決権割合が30%以上に該当するが，納税義務者単独では5%以上保有しておらず，さらに役員にも該当しないという場合に，納税義務者の配偶者，直系血族，兄弟姉妹及び1親等の姻族等の議決権割合が25%以上である場合には，中心的な同族株主として経営に関与できる立場にあると考え，原則的評価方式が適用されます。反対に25%未満の場合には，手順⑥に進みます。

(6) 手順⑥ 納税義務者以外に中心的な同族株主がいるか否か

同族株主のいる会社において，納税義務者の属する同族関係者グループの議決権割合が30%以上に該当するが，納税義務者単独では5%以上保有しておらず，さらに役員にも該当しない場合で，かつ，その会社に中心的な同族株主がいない場合には，納税義務者は会社の経営に関与することもできると考えられることから，原則的評価方式が適用されることになります。反対に，納税義務者以外に中心的な同族株主がいる場合には，特例的評価方式が適用されます。

(7) 手順⑦ 納税義務者以外に中心的な株主がいるか否か

同族株主のいない会社において，納税義務者の属する同族関係者グループの議決権割合が15%以上に該当するが，納税義務者単独では5%以上保有しておらず，さらに役員にも該当しない場合で，かつ，中心的な株主がその会社にいない場合には，納税義務者は会社の経営に関与できる立場にあると考えられることから，原則的評価方式が適用されることになります。反対に，納税義務者以外に中心的な株主がいる場合には，特例的評価方式が適用されます。

3　議決権割合の判定

株主区分の判定は議決権割合で判定することとされています。実務上，持株割合と議決権割合は同じであることが多いですが，以下のような場合には注意が必要です。

(1)　自己株式を有する場合の議決権総数

評価会社が自己株式を有する場合には，その自己株式に係る議決権の数は0として計算した議決権の数をもって評価会社の議決権総数とします（評基通188–3）。

(2)　議決権に制限のある株式がある場合の議決権の数

会社法では，議決権を行使することができる事項について制限を設けた「議決権制限株式」の規定が設けられています。議決権制限株式には，全部の事項について議決権を行使できない株式（完全無議決権株式）と，一部の事項について議決権を行使できない株式（例えば，取締役選任決議についてのみ議決権を付与される株式）が存在します。

議決権制限株式を発行している場合における議決権の数または議決権総数の判定にあたっては，株主総会の一部の事項について議決権を行使できない株式に係る議決権の数については，含めて判定を行います（評基通188–5）。

一方，株主総会の全部の事項について議決権を行使できない株式（完全無議決権株式）に係る議決権の数については，議決権の数及び議決権総数に含めずに株主区分の判定を行います。

(3)　相互保有株式（持合株式）に係る議決権の数

会社法308条1項の規定により，一方の法人が他方の法人の議決権を25%以上有する場合において，当該他方の法人が当該一方の法人の議決権を有するときは，当該他方の法人が有する株式については議決権を有しないこととされます。

評価会社の株式につき議決権を有しないこととされている会社がある場合には，その会社の有する評価会社の議決権の数はゼロとして計算した議決権の数をもって評価会社の議決権総数とします。また，評価会社の株主の同族関係者に該当するかどうかを判定するときにおいても同様です（評基通188–4）。

ヒヤリハット事例①

法人税申告書の別表2の株数をもとに評価を行ったが，実際の発行済株式数と異なっていた。

発行済株式の総数は登記事項であるため，評価会社の登記事項証明書を見ることによって現在の発行済株式の総数を確認することができます。登記事項証明書を確認せずに法人税申告書の別表2「同族会社の判定に関する明細書」に記載の発行済株式の総数から評価明細書に転記をすると，別表2の株数が事実と異なる場合には，株主区分の判定や1株当たりの評価額を間違える恐れがあります。

株主区分の判定を行う際には，評価会社の定款や登記事項証明書を必ず確認して，会社の現状を正確に把握することによってミスを防ぎましょう。

【事例】

・登記事項証明書に記載の発行済株式の総数　5万株

・別表2に記載の発行済株式の総数　4万株

評価にあたり，登記事項証明書を確認せず，別表２に記載の発行済株式の総数４万株が正しいものとして評価明細書を作成してしまったが，正しくは５万株で記載すべきであった。

誤

1．株主及び評価方式の判定

評価会社の発行済株式又は議決権の総数	① 40,000	④ 40,000	100

正

1．株主及び評価方式の判定

評価会社の発行済株式又は議決権の総数	① 50,000	④ 50,000	100

ヒヤリハット事例②

平取締役を役員である株主として判断してしまった。

株主の判定上，役員となる株主の「役員」に該当する平取締役は，指名委員会等設置会社の取締役及び監査等委員である取締役に限られていることから，一般の同族会社の平取締役は株主区分の判定上役員には該当しないこととなります。

これを役員として判定すると，原則的評価方式と特例的評価方式の選択を間違える恐れがあります。

株主区分の判定を行う際に，相続・贈与後の議決権割合が5%未満の同族株主については，特例的評価方式の適用ができる可能性があるので，株主区分判定のフローチャート等を活用して慎重に判定を行いミスを防ぎましょう。

【事例】

甲の長女が取得した株式の評価方式を原則的評価方式として評価してしまったが，実際には特例的評価方式で評価できる株主であった。

A 社の株主	株式数（相続開始前）	株式数（相続開始後）	役職名
甲の兄	1,600 株	1,600 株	代表取締役
甲	400 株		取締役
甲の長男		320 株	取締役
甲の長女		80 株	取締役
発行済株式数	2,000 株	2,000 株	

※ 1 株＝1 議決権とする

〈手順①〉 筆頭株主グループの議決権割合…50%超

〈手順②〉 納税義務者の属する同族関係者グループの議決権割合…50%超

〈手順③〉 納税義務者の議決権割合…5%未満

〈手順④〉 判定対象者が役員であるか否か…役員ではない（平取締役のため）

〈手順⑤〉 納税義務者が中心的な同族株主であるか否か…

中心的な同族株主ではない（甲の長男長女の株数を合わせても 20%＜25% であるため）

〈手順⑥〉 納税義務者以外に中心的な同族株主がいるかどうか…

甲の兄が中心的な同族株主に該当

∴特例的評価方式

誤

㊁ 役　　員	（である）〔原則的評価方式等〕・でない（次の㋭へ）

正

㊁ 役　　員	である〔原則的評価方式等〕（・でない）（次の㋭へ）

ヒヤリハット事例③

遺産分割協議が整わない場合に，法定相続分の株数を取得したものとして株主区分の判定を行ってしまった。

遺産未分割の状態は，遺産の分割により具体的に相続財産を取得するまでの間の暫定的な状態であり，将来，各相続人等がその法定相続分等に応じて相続財産を取得するとは限りません。そこで，株式について未分割の場合にその納税義務者につき特例的評価方式を用いることが相当か否かの判定をする際には，当該納税義務者が被相続人の保有していた株式の全部を取得するものとして判定を行う必要があります。これを法定相続分等の割合で相続したものとして判定を行うと，原則的評価方式と特例的評価方式の選択を間違える恐れがあります。

なお，後日，遺産分割協議が成立した場合は，実際に取得した株式に応じた議決権数をもとに株主区分の判定をやり直すことになります。

株主区分の判定を行う際に，その遺産分割協議が未完了の案件の場合には，議決権割合について慎重に判定を行いミスを防ぎましょう。

【事例】

甲の保有していたＡ社株式について，相続税の申告期限までに遺産分割協議が整わなかったことから未分割のまま相続税の申告を行った。その際に，Ａ社株式について甲が保有していた50株を長男・次男で法定相続分の25株ずつ取得したものとして株主の判定を行った。そのため，甲の長男の取得した株式について特例的評価方式で評価してしまったが，未分割の状態では原則的評価方式で評価すべき株主であった。

A社の株主	株式数（相続開始前）	株式数（相続開始後）	役職名
甲の兄	1,850株	1,850株	代表取締役
甲	50株		取締役
甲の長男	50株	未分割	
甲の次男	50株	未分割	
発行済株式数	2,000株	2,000株	

※1株＝1議決権とする

〈手順①〉筆頭株主グループの議決権割合…50%超

〈手順②〉納税義務者の属する同族関係者グループの議決権割合…50%超

〈手順③〉納税義務者の議決権割合…

5%以上（50株＋50株＝100株　100株/2,000株＝5%）

∴原則的評価方式

誤

氏名又は名称	続柄	会社における役職名	㋑株式数（株式の種類）	㋺議決権数	㋩議決権割合（㋺/④）
甲の長男	納税義務者		株 75	個 75	% 3.75

評価会社の発行済株式又は議決権の総数	① 2,000	④ 2,000	100

正

氏名又は名称	続柄	会社における役職名	㋑株式数（株式の種類）	㋺議決権数	㋩議決権割合（㋺/④）
甲の長男	納税義務者		株 100	個 100	% 5

評価会社の発行済株式又は議決権の総数	① 2,000	④ 2,000	100

ヒヤリハット事例④

「姻族関係終了届」が出ていることに気づかず同族株主の判定をしてしまった。

配偶者が死亡した場合には，婚姻関係は終了しますが，配偶者の血族との姻戚関係は，通常配偶者が亡くなった後もそのまま継続されます。ただし，残された方が，姻族関係終了届を提出することにより，配偶者の血族との姻族関係を終了することができます。同族株主の判定における親族は，配偶者，6 親等以内の血族及び 3 親等以内の姻族を指します。よって，姻族関係が終了すると，同族株主グループの判定に影響を及ぼすことになるので，「姻族関係終了届」が出ている場合にその事実を失念してしまうと，原則的評価方式と特例的評価方式の選択を間違える恐れがあります。

姻族関係については親族関係とは異なり終了することがあるので，本件のような事例の場合には，姻族関係終了届の提出があったか否かを確認してミスを防ぎましょう。

【事例】

〈丙に相続が発生する前の A 社の株主の状況〉

・甲が 700 株，丙が 300 株保有（A 社については甲が議決権総数のうち 70% を保有していることから，同族株主のいる会社となる）

・甲は配偶者と既に死別しており，丙の生前中に甲は姻族関係終了届を提出している。

・丙が保有していた A 社株式 300 株は全て長男が相続する。

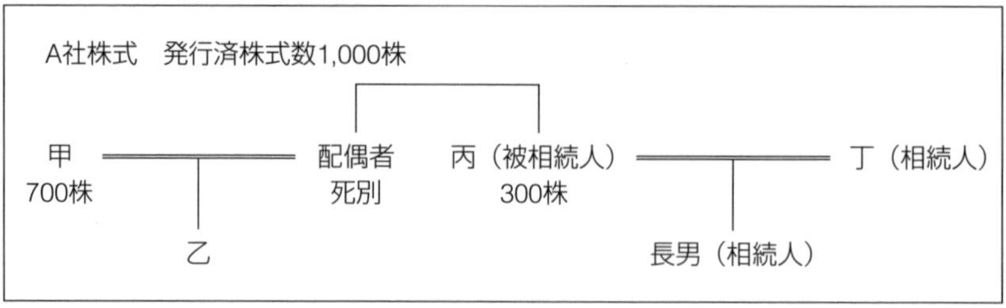

姻族関係終了届の提出がなかった場合には，甲と丙の長男（相続人）は同族株主グループになるため，丙の長男が取得したＡ社株式について原則的評価方式により評価してしまったが，正しくは丙の長男は同族株主以外の株主となり特例的評価方式によってＡ社株式を評価すべきであった。

誤

区分	筆頭株主グループの議決権割合（⑥の割合）			株主の区分
	50%超の場合	30%以上50%以下の場合	30%未満の場合	
⑤の割合	50%超	30%以上	15%以上	同族株主等
	50%未満	30%未満	15%未満	同族株主等以外の株主

正

区分	筆頭株主グループの議決権割合（⑥の割合）			株主の区分
	50%超の場合	30%以上50%以下の場合	30%未満の場合	
⑤の割合	50%超	30%以上	15%以上	同族株主等
	50%未満	30%未満	15%未満	同族株主等以外の株主

第3章

会社規模区分の判定

第１表の２
評価上の株主の判定及び
会社規模の判定の明細書（続）

（取引相場のない株式（出資）の評価明細書）

第１表の２　評価上の株主の判定及び会社規模の判定の明細書（続）

会社名

（平成三十年一月一日以降用）

３．会社の規模（Ｌの割合）の判定

	項目	金額	項目	人数
判定要素	直前期末の総資産価額（帳簿価額）	千円	直前期末以前１年間における従業員数	人 〔従業員数の内訳〕 〔継続勤務従業員数〕〔継続勤務従業員以外の従業員の労働時間の合計時間数〕 （　　人）＋（　　時間）／1,800時間
	直前期末以前１年間の取引金額	千円		

㋣　直前期末以前１年間における従業員数に応ずる区分	
	70人以上の会社は、大会社(㋠及び㋷は不要)
	70人未満の会社は、㋠及び㋷により判定

判定基準

㋠ 総資産価額（帳簿価額）卸売業	㋠ 総資産価額（帳簿価額）小売・サービス業	㋠ 総資産価額（帳簿価額）卸売業、小売・サービス業以外	㋠ 従業員数	㋷ 取引金額 卸売業	㋷ 取引金額 小売・サービス業	㋷ 取引金額 卸売業、小売・サービス業以外	会社規模とＬの割合（中会社）の区分
20億円以上	15億円以上	15億円以上	35　人　超	30億円以上	20億円以上	15億円以上	大　会　社
4億円以上 20億円未満	5億円以上 15億円未満	5億円以上 15億円未満	35　人　超	7億円以上 30億円未満	5億円以上 20億円未満	4億円以上 15億円未満	中会社 ０．９０
2億円以上 4億円未満	2億5,000万円以上 5億円未満	2億5,000万円以上 5億円未満	20　人　超 35 人 以 下	3億5,000万円以上 7億円未満	2億5,000万円以上 5億円未満	2億円以上 4億円未満	中会社 ０．７５
7,000万円以上 2億円未満	4,000万円以上 2億5,000万円未満	5,000万円以上 2億5,000万円未満	5　人　超 20 人 以 下	2億円以上 3億5,000万円未満	6,000万円以上 2億5,000万円未満	8,000万円以上 2億円未満	中会社 ０．６０
7,000万円未満	4,000万円未満	5,000万円未満	5 人 以 下	2億円未満	6,000万円未満	8,000万円未満	小 会 社

㋠　直前期末の総資産価額(帳簿価額）及び直前期末以前１年間における従業員数に応ずる区分

㋷　直前期末以前１年間の取引金額に応ずる区分

・「会社規模とＬの割合（中会社）の区分」欄は、㋠欄の区分（「総資産価額（帳簿価額）」と「従業員数」とのいずれか下位の区分）と㋷欄（取引金額）の区分とのいずれか上位の区分により判定します。

判定	大　会　社	中会社 Ｌの割合 ０．９０	中会社 Ｌの割合 ０．７５	中会社 Ｌの割合 ０．６０	小　会　社	

４．増（減）資の状況その他評価上の参考事項

1　会社規模区分の判定方法

原則的評価方式によって株式を評価する場合には，その評価会社の規模に応じて評価の方法が異なることとされています（評基通179）。

そこでこの第1表の2「評価上の株主の判定及び会社規模の判定の明細書（続）」では，評価会社がどの規模区分に該当するのかを，評価会社の「直前期末以前1年間における従業員数」，「直前期末の総資産価額（帳簿価額によって計算した金額）」，「直前期末以前1年間の取引金額」の3つの要素をもとに判定します。

[取引相場のない株式の評価上の規模区分]

規模区分	区分の内容		総資産価額（帳簿価額によって計算した金額）及び従業員数	直前期末以前1年間の取引金額
大会社	従業員数が70人以上の会社		—	—
	右のいずれかに該当する会社	卸売業	20億円以上（従業員数が35人以下の会社を除く）	30億円以上
		小売・サービス業	15億円以上（従業員数が35人以下の会社を除く）	20億円以上
		卸売業，小売・サービス業以外	15億円以上（従業員数が35人以下の会社を除く）	15億円以上

中会社	従業員数が 70 人未満の会社で右のいずれかに該当する会社（大会社に該当する場合を除く）	卸売業	7,000 万円以上（従業員数が 5 人以下の会社を除く）	2 億円以上 30 億円未満
		小売・サービス業	4,000 万円以上（従業員数が 5 人以下の会社を除く）	6,000 万円以上 20 億円未満
		卸売業，小売・サービス業以外	5,000 万円以上（従業員数が 5 人以下の会社を除く）	8,000 万円以上 15 億円未満
小会社	従業員数が 70 人未満の会社で右のいずれにも該当する会社	卸売業	7,000 万円未満又は従業員数が 5 人以下	2 億円未満
		小売・サービス業	4,000 万円未満又は従業員数が 5 人以下	6,000 万円未満
		卸売業，小売・サービス業以外	5,000 万円未満又は従業員数が 5 人以下	8,000 万円未満

判定の手順としては，まずはじめに，業種を「卸売業」，「小売・サービス業」，「卸売業，小売・サービス業以外」の 3 つに区分して，会社規模区分の判定を行います。

具体的な判定の方法は，直前期末以前 1 年間の取引金額（売上高）に基づいて，日本標準産業分類の分類項目の中から，その会社が該当する業種を選択します。そして，平成 29 年 6 月 13 日付国税庁資産評価企画官情報「類似業種比準価額計算上の業種目及び類似業種の株価等の計算方法等について」の「(別表）日本標準産業分類の分類項目と類似業種比準価額計算上の業種目との対比表」（次頁に 1 ページのみ参考に抜粋してあります）を使用して，「卸売業」，「小売・サービス業」，「卸売業，小売・サービス業以外」のいずれに該当するか判断します。なお，その会社の直前期末以前 1 年間の取引金額のうちに，2 以上の業種に係る取引金額が含まれている場合には，それらの取引金額のうち最も多い取引金額に係る業種によって判定します。

よって，会社の直前期末以前 1 年間の取引金額の内訳を決算書やヒアリング等により正確に把握し，評価会社が該当する分類項目を間違えないことがこの

[（別表）日本標準産業分類の分類項目と類似業種比準価額計算上の業種目との対比表（平成29年分）]

日本標準産業分類の分類項目	類似業種比準価額計算上の業種目	番号	規模区分を判定する場合の業種
大分類／中分類／小分類	大分類／中分類／小分類	番号	
A　農業，林業	その他の産業	113	卸売業、小売・サービス業以外
01　農業			
011　耕種農業			
012　畜産農業			
013　農業サービス業（園芸サービス業を除く）			
014　園芸サービス業			
02　林業			
021　育林業			
022　素材生産業			
023　特用林産物生産業（きのこ類の栽培を除く）			
024　林業サービス業			
029　その他の林業			
B　漁業	その他の産業	113	卸売業、小売・サービス業以外
03　漁業（水産養殖業を除く）			
031　海面漁業			
032　内水面漁業			
04　水産養殖業			
041　海面養殖業			
042　内水面養殖業			
C　鉱業，採石業，砂利採取業	その他の産業	113	卸売業、小売・サービス業以外
05　鉱業，採石業，砂利採取業			
051　金属鉱業			
052　石炭・亜炭鉱業			
053　原油・天然ガス鉱業			
054　採石業，砂・砂利・玉石採取業			
055　窯業原料用鉱物鉱業（耐火物・陶磁器・ガラス・セメント原料用に限る）			
059　その他の鉱業			
D　建設業	建設業	1	卸売業、小売・サービス業以外
06　総合工事業	総合工事業	2	
061　一般土木建築工事業	その他の総合工事業	4	
062　土木工事業（舗装工事業を除く）			
063　舗装工事業			
064　建築工事業（木造建築工事業を除く）	建築工事業（木造建築工事業を除く）	3	
065　木造建築工事業	その他の総合工事業	4	
066　建築リフォーム工事業			
07　職別工事業（設備工事業を除く）	職別工事業	5	
071　大工工事業			
072　とび・土工・コンクリート工事業			
073　鉄骨・鉄筋工事業			
074　石工・れんが・タイル・ブロック工事業			
075　左官工事業			
076　板金・金物工事業			
077　塗装工事業			
078　床・内装工事業			
079　その他の職別工事業			

明細書における重要なポイントになります。

会社規模区分の判定に用いる要素は，「従業員数」，「総資産価額（帳簿価額によって計算した金額）」，「取引金額」の３つの要素であり，従業員数70人以上の場合は他の要素にかかわらず大会社に該当し，その他の場合は「総資産価額基準と従業員数基準のいずれか下位の区分」と「取引金額基準」のいずれか上位の区分により，大会社・中会社・小会社の判定を行います。

判定のフローチャートは以下のとおりです。

[会社規模区分判定のフローチャート]

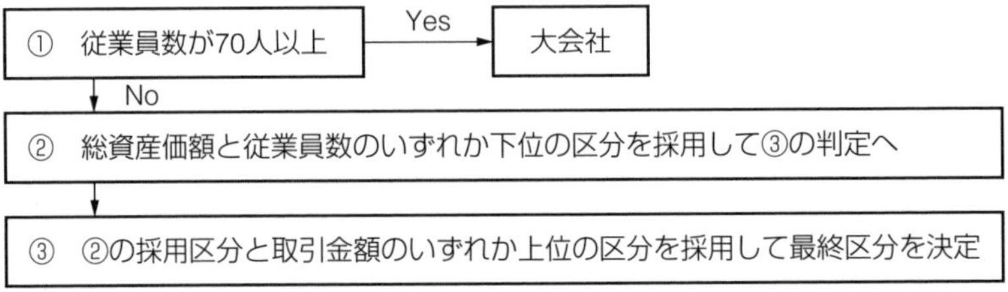

[総資産価額３億円，従業員数３人，取引金額40億円，卸売業の会社の場合]

判定基準	㋣ 直前期末以前１年間における従業員数に応ずる区分				70人以上の会社は、大会社(㋠及び㋷は不要)				
					70人未満の会社は、㋠及び㋷により判定				
	㋠ 直前期末の総資産価額(帳簿価額) 及び直前期末以前１年間における従業員数に応ずる区分				㋷ 直前期末以前１年間の取引金額に応ずる区分			会社規模とＬの割合（中会社）の区分	
	総資産価額（帳簿価額）			従業員数	取引金額				
	卸売業	小売・サービス業	卸売業、小売・サービス業以外		卸売業	小売・サービス業	卸売業、小売・サービス業以外		
	20億円以上	15億円以上	15億円以上	35人超	30億円以上	20億円以上	15億円以上	大会社	
	4億円以上 20億円未満	5億円以上 15億円未満	5億円以上 15億円未満	35人超	7億円以上 30億円未満	5億円以上 20億円未満	4億円以上 15億円未満	0．90	中会社
	2億円以上 4億円未満	2億5,000万円以上 5億円未満	2億5,000万円以上 5億円未満	20人超 35人以下	3億5,000万円以上 7億円未満	2億5,000万円以上 5億円未満	2億円以上 4億円未満	0．75	
	7,000万円以上 2億円未満	4,000万円以上 2億5,000万円未満	5,000万円以上 2億5,000万円未満	5人超 20人以下	2億円以上 3億5,000万円未満	6,000万円以上 2億5,000万円未満	8,000万円以上 2億円未満	0．60	
	7,000万円未満	4,000万円未満	5,000万円未満	5人以下	2億円未満	6,000万円未満	8,000万円未満	小会社	
	・「会社規模とＬの割合（中会社）の区分」欄は、㋠欄の区分（「総資産価額（帳簿価額）」と「従業員数」とのいずれか下位の区分）と㋷欄（取引金額）の区分とのいずれか上位の区分により判定します。								

この会社の場合，フローチャート①は従業員数が70人未満となり，②の純資

産価額と従業員数の下位の区分は小会社ですが，③で取引金額が大会社の区分に該当し，上位の区分を採用するため大会社に該当することとなります。

ヒヤリハット事例⑤

評価会社が複数の事業を兼業している場合に，単体の売上高が一番大きい事業に基づいて業種を区分してしまった。

評価会社の業種区分は，原則として，「卸売業」，「小売・サービス業」及び「卸売業，小売・サービス業以外」の３区分のうち，いずれか取引金額の多い業種に属するものとして取り扱うものとされています。この場合の取引金額の多い業種の判定は，複数の事業を兼業している場合，その全ての業種について，まず上記３区分のいずれかに区分して，それぞれの区分ごとの合算で取引金額の多い業種を判断する必要があります。

評価会社が３以上の事業を兼業している場合には，必ずそれぞれの事業を３区分に区分したうえで，売上高を合算して判定し，ミスを防ぎましょう。

【事例】

甲社は以前から食肉の小売業を主に営んでいたが，近年は不動産部門を設置し，不動産の取引や，賃貸を兼業で行っている。それぞれの事業の売上高構成比は以下のとおりである。

日本標準産業分類	類似業種比準価額計算上の業種目	規模区分を判定する場合の業種	売上高構成比
食肉小売業	飲食料品小売業	小売・サービス業	40%
建物販売業，土地販売業	不動産取引業	卸売業，小売・サービス業以外	30%
貸家業，貸間業	不動産賃貸業・管理業	卸売業，小売・サービス業以外	30%

なお，従業員数は25人，総資産価額は５億円，取引金額は18億円である。

甲社の規模区分判定上の業種について，単体の売上高が一番大きい「小売・サービス業」としてしまったが，「卸売業，小売・サービス業以外」に該当する2つの事業を合算すると60%＞40%となることから，正しくは「卸売業・小売・サービス業以外」に該当するものとして会社規模区分の判定を行うべきであった。

誤

㋠ 直前期末の総資産価額(帳簿価額) 及び直前期末以前1年間における従業員数に応ずる区分				㋷ 直前期末以前1年間の取引金額に応ずる区分			会社規模とLの割合（中会社）の区分	
総資産価額（帳簿価額）			従業員数	取引金額				
卸売業	小売・サービス業	卸売業、小売・サービス業以外		卸売業	小売・サービス業	卸売業、小売・サービス業以外		
20億円以上	15億円以上	15億円以上	35人超	30億円以上	20億円以上	15億円以上	大会社	
4億円以上 20億円未満	5億円以上 15億円未満	5億円以上 15億円未満	35人超	7億円以上 30億円未満	5億円以上 20億円未満	4億円以上 15億円未満	0.90	中
2億円以上 4億円未満	2億5,000万円以上 5億円未満	2億5,000万円以上 5億円未満	20人超 35人以下	3億5,000万円以上 7億円未満	2億5,000万円以上 5億円未満	2億円以上 4億円未満	0.75	会
7,000万円以上 2億円未満	4,000万円以上 2億5,000万円未満	5,000万円以上 2億5,000万円未満	5人超 20人以下	2億円以上 3億5,000万円未満	6,000万円以上 2億5,000万円未満	8,000万円以上 2億円未満	0.60	社
7,000万円未満	4,000万円未満	5,000万円未満	5人以下	2億円未満	6,000万円未満	8,000万円未満	小会社	

正

㋠ 直前期末の総資産価額(帳簿価額) 及び直前期末以前1年間における従業員数に応ずる区分				㋷ 直前期末以前1年間の取引金額に応ずる区分			会社規模とLの割合（中会社）の区分	
総資産価額（帳簿価額）			従業員数	取引金額				
卸売業	小売・サービス業	卸売業、小売・サービス業以外		卸売業	小売・サービス業	卸売業、小売・サービス業以外		
20億円以上	15億円以上	15億円以上	35人超	30億円以上	20億円以上	15億円以上	大会社	
4億円以上 20億円未満	5億円以上 15億円未満	5億円以上 15億円未満	35人超	7億円以上 30億円未満	5億円以上 20億円未満	4億円以上 15億円未満	0.90	中
2億円以上 4億円未満	2億5,000万円以上 5億円未満	2億5,000万円以上 5億円未満	20人超 35人以下	3億5,000万円以上 7億円未満	2億5,000万円以上 5億円未満	2億円以上 4億円未満	0.75	会
7,000万円以上 2億円未満	4,000万円以上 2億5,000万円未満	5,000万円以上 2億5,000万円未満	5人超 20人以下	2億円以上 3億5,000万円未満	6,000万円以上 2億5,000万円未満	8,000万円以上 2億円未満	0.60	社
7,000万円未満	4,000万円未満	5,000万円未満	5人以下	2億円未満	6,000万円未満	8,000万円未満	小会社	

2　各判定要素の記載方法

上記の判定の基礎となる，「①直前期末の総資産価額（帳簿価額）」，「②直前期末以前1年間の取引金額」，「③直前期末以前1年間における従業員数」の3つの要素についてはそれぞれ明細書の以下の部分に記載します。

［総資産価額 50,000 千円，取引金額 200,000 千円，従業員数 10 人の会社の場合］

3．会社の規模（Lの割合）の判定					
判定要素	項　目	金　額	項　目	人　数	
	直前期末の総資産価額（帳簿価額）	50,000 千円	直前期末以前1年間における従業員数	10 人 〔従業員数の内訳〕 〔継続勤務従業員数〕　〔継続勤務従業員以外の従業員の労働時間の合計時間数〕	
	直前期末以前1年間の取引金額	200,000 千円		（　人）＋（　時間）／1,800時間	

(1)　直前期末の総資産価額（帳簿価額）

課税時期の直前に終了した事業年度の末日における評価会社の各資産の帳簿価額の合計額を記載します。よって，通常は直前期の決算報告書の貸借対照表の総資産の金額と一致することが多いですが，以下の点は注意が必要です。

① 固定資産の減価償却累計額を間接法によって表示している場合には，各資産の帳簿価額の合計額から減価償却累計額を控除します。

② 売掛金，受取手形，貸付金等に対する貸倒引当金は控除しません。

③ 前払費用，繰延資産，税効果会計の適用による繰延税金資産など，確定決算上の資産として計上されている資産は，帳簿価額の合計額に含めて記

載します。

④　収用や特定の資産の買換え等の場合において，圧縮記帳引当金勘定に繰り入れた金額及び圧縮記帳積立金として積み立てた金額並びに翌事業年度以降に代替資産等を取得する予定であることから特別勘定に繰り入れた金額は，帳簿価額の合計額から控除しません。

ヒヤリハット事例⑥

直前期末の総資産価額から貸倒引当金を控除したままの金額で判定を行ってしまった。

会社規模区分の判定に際して使用する直前期末の総資産価額（帳簿価額）とは，直前期末における評価会社の各資産の帳簿価額（確定決算に基づき算定された帳簿価額）の合計額をいうものとされています。

この直前期末の総資産価額の算定については，売掛金，受取手形，貸付金等に対する貸倒引当金は控除しないこととされています。

直前期末の総資産価額の判定の際には，貸借対照表の金額をそのまま転記するのではなく，貸倒引当金がマイナス表示で資産の部に計上されていないかチェックし，ミスを防ぎましょう。

【事例】

A 社は小売業を営んでおり，A 社の貸借対照表上の資産の部は以下のとおりである。

資産の部

売掛金	30,000 千円	
貸倒引当金	△ 300 千円	
その他の資産	10,000 千円	

資産の部の合計金額は 39,700 千円となっていたため，総資産価額の要素を

「小会社」（40,000千円未満のため）に該当すると判定してしまったが，貸倒引当金は控除しないこととされているので，正しくは40,000千円となり，総資産価額の区分を１つ上位の区分で判定すべきであった。

誤

総資産価額（帳簿価額）
小売・サービス業
15億円以上
５億円以上 15億円未満
2億5,000万円以上 ５億円未満
4,000万円以上 2億5,000万円未満
4,000万円未満

正

総資産価額（帳簿価額）
小売・サービス業
15億円以上
５億円以上 15億円未満
2億5,000万円以上 ５億円未満
4,000万円以上 2億5,000万円未満
4,000万円未満

(2)　直前期末以前１年間の取引金額

直前期の事業上の収入金額（売上高）を記載します。この場合の事業上の収入金額とは，その会社の目的とする事業に係る収入金額（金融業・証券業については収入利息及び収入手数料）をいいます。

よって，通常は直前期の決算報告書の損益計算書の売上高の金額と一致することが多いですが，以下の点は注意が必要です。

事業年度の変更などにより，直前期の事業年度が１年未満であるときには，課税時期の直前期末以前１年間の実際の収入金額によることとなります（直前期と直前々期の中で合わせて1年間）。しかし，直前々期の月別の実際の収入金額を明確に区分することが困難な場合には，直前々期の月別の取引金額は直前々期の収入金額を月数按分して求めた金額によっても差し支えありません。

(3) 直前期末以前１年間における従業員数

直前期末以前１年間においてその期間継続して評価会社に勤務していた従業員（就業規則等で定められた１週間当たりの労働時間が30時間未満である従業員を除きます。以下「継続勤務従業員」といいます）の数に，直前期末以前１年間において評価会社に勤務していた従業員（継続勤務従業員を除きます）のその１年間における労働時間の合計時間数を従業員１人当たり年間平均労働時間数（1,800時間）で除して求めた数を加算した数を記載します。なお，上記により計算した評価会社の従業員数が，例えば5.1人となる場合は従業員数「5人超」に，4.9人となる場合は従業員数「5人以下」に該当します。

［直前期末以前１年間における従業員数の計算式］

$$\text{継続勤務従業員数}+\frac{\text{継続勤務従業員以外の従業員の直前期末以前1年間における年間労働時間の合計時間数}}{\text{1,800時間}}$$

パートやアルバイトがおらず，かつ，従業員の入れ替わりがないような場合には，実務上直前期の法人事業概況説明書の「期末従事員の状況」から人数を判断することが多いですが，以下の点は注意が必要です。

従業員には，社長，理事長並びに法人税法施行令71条（(使用人兼務役員とされない役員)）1項1号，2号及び4号に掲げる役員は含みません。

この役員に含まれる平取締役は，指名委員会等設置会社の取締役及び監査等委員である取締役に限られていることから，通常の同族会社の平取締役は判定上役員には該当せず継続勤務従業員数に算入することとなります。

ヒヤリハット事例⑦

評価会社が受け入れていた派遣労働者について従業員数から除外して判定してしまった。

財産評価基本通達 178 に定める「評価会社に勤務していた従業員」とは，評価会社において使用される個人で，評価会社から賃金を支払われる者をいうため，本来は派遣労働者については派遣先事業所の従業員数に含める必要はないものと考えられます。

しかしながら，今日における労働力の確保の多様化の中にあって，派遣労働者の受入れもその一環であると認められ，実質的に派遣先における従業員と認めても差し支えないと考えられること等から，派遣労働者を受け入れている評価会社における従業員数の算定にあたっては，受け入れた派遣労働者の勤務実態に応じて継続勤務従業員とそれ以外の従業員に区分したうえで従業員の数としてカウントしても差し支えないこととなっています。

従業員数の判定の際には，あらかじめ会社に派遣労働者の受入れ実態について確認することによってミスを防ぎましょう。

【事例】

甲社は代表取締役と使用人 3 人の会社であるが，派遣労働者を 3 人受け入れている。なお，派遣労働者については，1 週間当たりの所定労働時間が 30 時間以上で直前期末以前 1 年間において継続して勤務している。

役職等	人数
代表取締役	1 人
使用人（継続勤務従業員）	3 人
派遣労働者（フルタイムで1年間継続勤務）	3 人

「直前期末以前 1 年間における従業員数」について，代表取締役を除く使用

人の３人と判定してしまったが，本来は派遣労働者の含めると６人となり，従業員数の区分を１つ上位の区分で判定すべきであった。

誤

項目	人数
直前期末以前１年間における従業員数	３ 人 〔従業員数の内訳〕 （継続勤務従業員数）（継続勤務従業員以外の従業員の労働時間の合計時間数） （　　人）＋（　　　時間）／1,800時間

正

項目	人数
直前期末以前１年間における従業員数	６ 人 〔従業員数の内訳〕 （継続勤務従業員数）（継続勤務従業員以外の従業員の労働時間の合計時間数） （　　人）＋（　　　時間）／1,800時間

第4章

特定の評価会社の判定

第2表
特定の評価会社の判定の明細書

第２表　特定の評価会社の判定の明細書

会社名＿＿＿＿＿＿＿＿

（取引相場のない株式（出資）の評価明細書）

（平成三十年一月一日以降用）

１．比準要素数１の会社	判定要素								判定基準	⑴欄のいずれか２の判定要素が０であり、かつ、⑵欄のいずれか２以上の判定要素が０ である（該当）・でない（非該当）	
	（１）直前期末を基とした判定要素				（２）直前々期末を基とした判定要素						
	第４表のⒷ1の金額		第４表のⒸ1の金額	第４表のⒹ1の金額	第４表のⒷ2の金額		第４表のⒸ2の金額	第４表のⒹ2の金額			
	円	銭 0	円	円	円	銭 0	円	円	判定	該当	非該当

２．株式等保有特定会社	判定要素					
	総資産価額 （第５表の①の金額）	株式等の価額の合計額 （第５表の㋑の金額）	株式等保有割合 （②／①）	判定基準	③の割合が 50％以上である	③の割合が 50％未満である
	①　　千円	②　　千円	③　　％	判定	該当	非該当

３．土地保有特定会社	判定要素										
	総資産価額 （第５表の①の金額）		土地等の価額の合計額 （第５表の㋩の金額）			土地保有割合 （⑤／④）		会社の規模の判定 （該当する文字を○で囲んで表示します。）			
	④　　千円		⑤　　千円			⑥　　％		大会社・中会社・小会社			
	判定基準	会社の規模	大会社		中会社			小会社 （総資産価額（帳簿価額）が次の基準に該当する会社）			
								・卸売業 20億円以上 ・小売・サービス業 15億円以上 ・上記以外の業種 15億円以上		・卸売業 7,000万円以上20億円未満 ・小売・サービス業 4,000万円以上15億円未満 ・上記以外の業種 5,000万円以上15億円未満	
		⑥の割合	70％以上	70％未満	90％以上	90％未満		70％以上	70％未満	90％以上	90％未満
	判定		該当	非該当	該当	非該当		該当	非該当	該当	非該当

４．開業後３年未満の会社等	⑴開業後３年未満の会社	判定要素			判定基準	課税時期において開業後３年未満である		課税時期において開業後３年未満でない
		開業年月日	年　月　日		判定	該当		非該当
	⑵比準要素数０の会社	判定要素	直前期末を基とした判定要素			判定基準	直前期末を基とした判定要素がいずれも０ である（該当）・でない（非該当）	
			第４表のⒷ1の金額	第４表のⒸ1の金額	第４表のⒹ1の金額			
			円　銭 0	円	円	判定	該当	非該当

５．開業前又は休業中の会社	開業前の会社の判定		休業中の会社の判定		６．清算中の会社	判定	
	該当	非該当	該当	非該当		該当	非該当

７．特定の評価会社の判定結果	１．比準要素数１の会社	２．株式等保有特定会社
	３．土地保有特定会社	４．開業後３年未満の会社等
	５．開業前又は休業中の会社	６．清算中の会社
	該当する番号を○で囲んでください。なお、上記の「１．比準要素数１の会社」欄から「６．清算中の会社」欄の判定において２以上に該当する場合には、後の番号の判定によります。	

1　特定の評価会社の判定方法

特定の評価会社とは，会社の資産の保有状況，営業の状態等が一般の評価会社とは異なると認められる会社をいい，それぞれの状況に応じた評価方法が定められています（評基通 189）。

そこで，この第 2 表「特定の評価会社の判定の明細書」では，評価会社が特定の評価会社に該当するか，もしくは一般の評価会社に該当するのかを判定します。特定の評価会社の判定のフローチャートは以下のとおりです。

[特定の評価会社の判定のフローチャート]

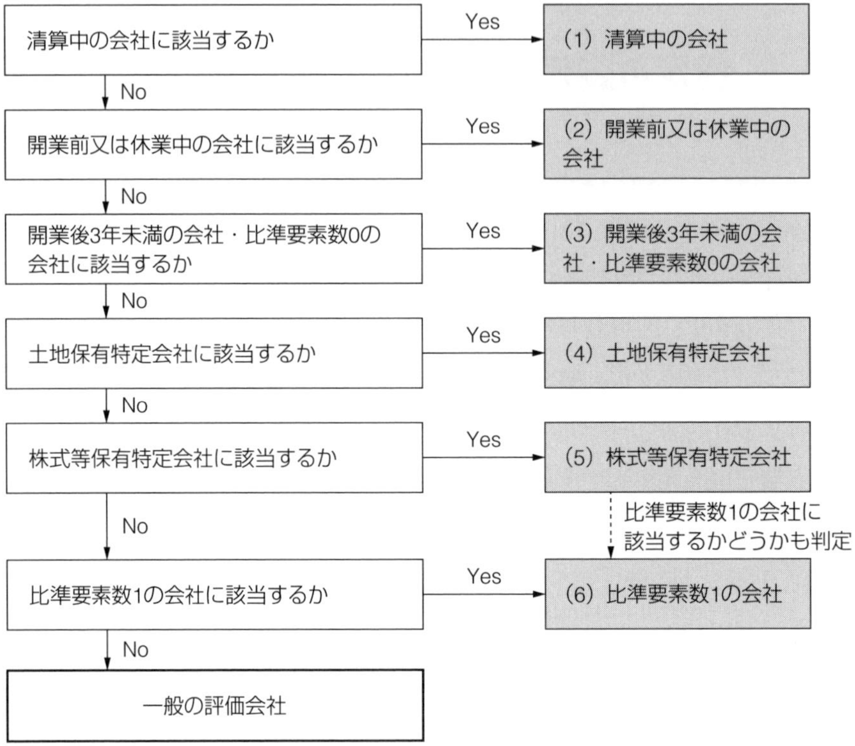

フローチャートの順番で判定を行い，特定の評価会社のいずれにも該当しない場合には，一般の評価会社として評価することになります。

2　特定の評価会社の具体的な内容と評価方法

特定の評価会社とは具体的にどのような会社のことを指すのか，また明細書の記載方法についてそれぞれ詳しくみていきます。

(1)　清算中の会社

①　定義

課税時期において解散手続きが完了して，清算手続きに入っている会社をいいます。実務上は，株主総会決議に基づく解散が多いので，株主総会決議後から清算結了までの間に課税期間があるときは清算中の会社に該当することとなります。

[清算中の会社に該当する場合]

6. 清算中の会社	判定	
	該当	非該当

②　評価方法

以下の計算式で評価します（評基通 189-6）。

> 清算分配見込額 × 課税時期から分配見込日までの期間(1年未満切上)の年数に応じる基準年利率による複利現価率

基準年利率及び複利現価率については，国税庁のホームページで確認することができます。

また，上記の算式を計算する具体的な明細書はないので，実務上は任意で計算明細書を用意するか，第5表（1株当たりの純資産価額（相続税評価額）の計算明細書）を準用して計算することになります。

なお，分配を行わずに長期間にわたり清算中のままの会社の場合には，清算の結果としての清算分配見込額の算出や分配までの期間の算定が困難なことなどから，第5表を使用して純資産価額（相続税評価額によって計算した金額）により評価を行います。

(2)　開業前又は休業中の会社

①　定義

開業前の会社とは，会社設立登記は完了しているが，現に事業活動を開始するまでに至っていない会社をいいます。

休業中の会社とは，課税時期において会社が相当長期間にわたって休業状態にある会社をいいます。

［開業前又は休業中の会社に該当する場合］

5．開業前又は休業中の会社	開業前の会社の判定		休業中の会社の判定	
		or		
	該　当	非該当	該　当	非該当

②　評価方法

純資産価額方式により評価をします（評基通189–5）。

(3)　開業後3年未満の会社・比準要素数0の会社

①　定義

開業後3年未満の会社とは，課税時期において開業日から3年経っていない会社をいいます。

比準要素数0の会社とは，第4表で計算する「1株当たりの配当金額」，「1株当たりの利益金額」，「1株当たりの純資産価額」の3要素について，直前期末の数値が全ての要素で０の会社をいいます。各比準要素については第６章にて解説します。

［開業が令和３年１月１日，比準要素が全てゼロの会社の場合（課税時期は令和３年６月１日）］

<table>
<tr><td rowspan="5">4.開業後3年未満の会社等</td><td rowspan="2">(1) 開業後３年未満の会社</td><td colspan="3">判定要素</td><td colspan="2">判定基準</td><td colspan="2">課税時期において開業後３年未満である</td><td>課税時期において開業後３年未満でない</td></tr>
<tr><td>開業年月日</td><td colspan="2">令3年 1月 1日</td><td colspan="2">判定</td><td colspan="2">該当</td><td>非該当</td></tr>
<tr><td rowspan="3">(2) 比準要素数０の会社</td><td rowspan="3">判定要素</td><td colspan="4">直前期末を基とした判定要素</td><td rowspan="2">判定基準</td><td colspan="2" rowspan="2">直前期末を基とした判定要素がいずれも0
である（該当）・でない（非該当）</td></tr>
<tr><td colspan="2">第４表のⒷ$_1$の金額</td><td>第４表のⒸ$_1$の金額</td><td>第４表のⒹ$_1$の金額</td></tr>
<tr><td>円
0</td><td>銭
0</td><td>円
0</td><td>円
0</td><td>判定</td><td colspan="2">該当</td><td>非該当</td></tr>
</table>

②　評価方法

純資産価額方式により評価を行います。ただし，特例的評価方式が適用される株主の場合には，配当還元方式により評価することができます（評基通 189–4）。

ヒヤリハット事例⑧

開業後３年未満の会社の判定の開業年月日を法人の設立登記日として判定してしまった。

開業とは，評価会社がその事業目的たる業務を開始している状態をいい，会社の登記上の設立とはその意味が異なります。その業務については事業実態を備える必要があると考えられます。また，開業後３年未満の会社であるかどうかの判定は，事業年度ベースではなくあくまで暦に従って計算します。

よって，設立登記の日付をもとに開業後３年未満の会社の判定を行うと特定の評価会社の判定を間違える恐れがあります。

過去の残高試算表やヒアリング等から，実際の事業開始日を確認してミスを防ぎましょう。

【事例】

A社は，設立登記後約2年間事業の実態がなく令和1年12月より事業を開始した。

会社設立の年月日	平成29年11月15日
事業開始日	令和1年12月3日
課税時期	令和3年3月12日

A社が特定の評価会社に該当するか否か判定するにあたり，課税時期は会社設立の年月日である平成29年11月15日より3年以上経過しているため一般の評価会社として評価したが，実際には事業開始日から3年が経過していないため，開業後3年未満の会社として評価すべきであった。

誤

	判定要素	
(1) 開業後3年未満の会社	開業年月日	平29年 11月 15日

正

	判定要素	
(1) 開業後3年未満の会社	開業年月日	令1年 12月 3日

(4) 土地保有特定会社

① 定義

課税時期における評価会社の各資産の相続税評価額の合計額（総資産価額）に占める土地等の相続税評価額の割合が70％以上（中会社及び一定の小会社の場合には90％以上）の会社をいいます。

判定の基礎となる「土地等」には，所有目的や所有期間のいかんにかかわらず，評価会社が保有する全ての土地等が含まれますので，棚卸資産に分類される土地はもちろん，地上権や借地権についても土地等の範囲に含まれることとなります。

[総資産価額 220,000 千円，土地等の価額の合計額 200,000 千円で大会社に区分される会社の場合]

<table>
<tr><td rowspan="7">3．土地保有特定会社</td><td colspan="10">判　定　要　素</td></tr>
<tr><td colspan="3">総資産価額
（第5表の①の金額）</td><td colspan="2">土地等の価額の合計額
（第5表の㋩の金額）</td><td>土地保有割合
（⑤／④）</td><td colspan="4">会社の規模の判定
（該当する文字を○で囲んで表示します。）</td></tr>
<tr><td colspan="3">④　千円
220,000</td><td colspan="2">⑤　千円
200,000</td><td>⑥　%
90</td><td colspan="4">(大会社)・中会社・小会社</td></tr>
<tr><td rowspan="3">判定基準</td><td rowspan="2">会社の規模</td><td colspan="2" rowspan="2">大　会　社</td><td colspan="2" rowspan="2">中　会　社</td><td colspan="4">小　会　社
（総資産価額（帳簿価額）が次の基準に該当する会社）</td></tr>
<tr><td colspan="2">・卸売業
20億円以上
・小売・サービス業
15億円以上
・上記以外の業種
15億円以上</td><td colspan="2">・卸売業
7,000万円以上20億円未満
・小売・サービス業
4,000万円以上15億円未満
・上記以外の業種
5,000万円以上15億円未満</td></tr>
<tr><td>⑥の割合</td><td>70%以上</td><td>70%未満</td><td>90%以上</td><td>90%未満</td><td>70%以上</td><td>70%未満</td><td>90%以上</td><td>90%未満</td></tr>
<tr><td colspan="2">判　定</td><td>(該当)</td><td>非該当</td><td>該当</td><td>非該当</td><td>該当</td><td>非該当</td><td>該当</td><td>非該当</td></tr>
</table>

②　評価方法

純資産価額方式により評価を行います。ただし，特例的評価方式が適用される株主の場合には，配当還元方式により評価することができます（評基通 189-4）。

ヒヤリハット事例⑨

総資産価額の小さな小会社について土地保有特定会社と判定してしまった。

土地保有特定会社の判定は，評価会社の課税時期における相続税評価額ベースの土地保有割合（総資産価額に対する土地等の価額の割合）により行います。

評価会社が大会社の場合，業種・総資産価額を問わず土地保有割合（相続税評価額ベース）が70%以上の会社が土地保有特定会社の対象です。評価会社が中会社の場合，業種・総資産価額を問わず土地保有割合（相続税評価額ベース）が90%以上の会社が土地保有特定会社となります。一方で，評価会社が小会社の場合は，次の区分に該当する会社を除いて土地保有特定会社の対象となりません。

大会社の規模にある小会社

卸売業……総資産価額（帳簿価額）20 億円以上

小売・サービス業……総資産価額（帳簿価額）15 億円以上

卸売業，小売・サービス業以外……総資産価額（帳簿価額）15 億円以上

中会社の規模にある小会社

卸売業……総資産価額（帳簿価額）7,000 万円以上，20 億円未満

小売・サービス業……総資産価額（帳簿価額）4,000 万円以上，15 億円未満

卸売業，小売・サービス業以外……総資産価額（帳簿価額）5,000 万円以上，15 億円未満

よって，評価会社が小会社の場合に，総資産価額（帳簿価額）の判定を怠って土地保有特定会社と判定するとミスにつながることがあります。小会社の土地保有特定会社の判定の際には，最初に業種と総資産価額（帳簿価額）を必ず確認してミスを防ぎましょう。

【事例】

A 社は，卸売業，小売・サービス業以外の業種であり，総資産価額（帳簿価額）は 40,000 千円である。総資産価額（第 5 表の①の金額）は 77,000 千円，土地等の価額の合計額（第 5 表の㋩の金額）は 75,000 千円であり，土地保有割合は 97%となっている。

この場合に，総資産価額（第 5 表の①の金額）は 50,000 千円以上であり，土地保有割合も 90%以上となっていたため，土地保有特定会社に該当するものとして判定してしまったが，総資産価額（帳簿価額）は 40,000 千円であり

50,000千円未満となるため，正しくは土地保有特定会社の判定の対象外となる会社であった。

誤

<table>
<tr><td rowspan="7">3．土地保有特定会社</td><td colspan="10">判定要素</td></tr>
<tr><td colspan="3">総資産価額
（第５表の①の金額）</td><td colspan="3">土地等の価額の合計額
（第５表の㋬の金額）</td><td>土地保有割合
（⑤／④）</td><td colspan="3">会社の規模の判定
（該当する文字を○で囲んで表示します。）</td></tr>
<tr><td colspan="3">④ 千円
77,000</td><td colspan="3">⑤ 千円
75,000</td><td>⑥ %
97</td><td colspan="3">大会社・中会社・小会社</td></tr>
<tr><td rowspan="3">判定基準</td><td rowspan="2">会社の規模</td><td colspan="2" rowspan="2">大会社</td><td colspan="2" rowspan="2">中会社</td><td colspan="4">小会社
（総資産価額（帳簿価額）が次の基準に該当する会社）</td></tr>
<tr><td colspan="2">・卸売業
20億円以上
・小売・サービス業
15億円以上
・上記以外の業種
15億円以上</td><td colspan="2">・卸売業
7,000万円以上20億円未満
・小売・サービス業
4,000万円以上15億円未満
・上記以外の業種
5,000万円以上15億円未満</td></tr>
<tr><td>⑥の割合</td><td>70%以上</td><td>70%未満</td><td>90%以上</td><td>90%未満</td><td>70%以上</td><td>70%未満</td><td>90%以上</td><td>90%未満</td></tr>
<tr><td colspan="2">判定</td><td>該当</td><td>非該当</td><td>該当</td><td>非該当</td><td>該当</td><td>非該当</td><td>該当</td><td>非該当</td></tr>
</table>

正

<table>
<tr><td rowspan="7">3．土地保有特定会社</td><td colspan="10">判定要素</td></tr>
<tr><td colspan="3">総資産価額
（第５表の①の金額）</td><td colspan="3">土地等の価額の合計額
（第５表の㋬の金額）</td><td>土地保有割合
（⑤／④）</td><td colspan="3">会社の規模の判定
（該当する文字を○で囲んで表示します。）</td></tr>
<tr><td colspan="3">④ 千円
77,000</td><td colspan="3">⑤ 千円
75,000</td><td>⑥ %
97</td><td colspan="3">大会社・中会社・小会社</td></tr>
<tr><td rowspan="3">判定基準</td><td rowspan="2">会社の規模</td><td colspan="2" rowspan="2">大会社</td><td colspan="2" rowspan="2">中会社</td><td colspan="4">小会社
（総資産価額（帳簿価額）が次の基準に該当する会社）</td></tr>
<tr><td colspan="2">・卸売業
20億円以上
・小売・サービス業
15億円以上
・上記以外の業種
15億円以上</td><td colspan="2">・卸売業
7,000万円以上20億円未満
・小売・サービス業
4,000万円以上15億円未満
・上記以外の業種
5,000万円以上15億円未満</td></tr>
<tr><td>⑥の割合</td><td>70%以上</td><td>70%未満</td><td>90%以上</td><td>90%未満</td><td>70%以上</td><td>70%未満</td><td>90%以上</td><td>90%未満</td></tr>
<tr><td colspan="2">判定</td><td>該当</td><td>非該当</td><td>該当</td><td>非該当</td><td>該当</td><td>非該当</td><td>該当</td><td>非該当</td></tr>
</table>

(5) 株式等保有特定会社

① 定義

課税時期において評価会社の各資産の相続税評価額の合計額（総資産価額）に占める株式等の相続税評価額の割合が50%以上である会社をいいます。

株式等保有特定会社の株式に該当するかどうかの判定の基礎となる「株式等」とは，所有目的または所有期間のいかんにかかわらず，評価会社が有する株式，出資及び新株予約権付社債（会社法2条（(定義)）22号に規定する新株予約権付社債をいいます）の全てをいいます。

[株式等の範囲]

〈株式及び出資に含めるもの〉
- 株式会社の株主たる地位を示す株式等
- 証券会社が保有する商品として株式
- 外国株式
- 株式制のゴルフ会員権
- Ｊリート（不動産投資法人の投資口）
- 特定金銭信託
- 新株予約権付社債

〈株式及び出資に含めないもの〉
- 匿名組合の出資，民法上の任意組合
- 証券投資信託の受益証券
- 自己株式

[総資産価額 100,000 千円，株式等の価額の合計額 60,000 千円の会社の場合]

2．株式等保有特定会社	判定要素					
	総資産価額（第5表の①の金額）	株式等の価額の合計額（第5表の㋑の金額）	株式等保有割合（②／①）	判定基準	③の割合が50%以上である	③の割合が50%未満である
	① 千円 100,000	② 千円 60,000	③ % 60	判定	該当（○印）	非該当

② 評価方法

純資産価額方式と「S_1+S_2」方式のうちいずれか低い金額によります。ただし，特例的評価方式が適用される株主の場合には，配当還元方式により評価することができます（評基通189–3）。

(6) 比準要素数1の会社

① 定義

第4表で直前期末を基準に計算する「1株当たりの配当金額」，「1株当たりの利益金額」，「1株当たりの純資産価額」の3要素について，いずれか2以上の判定要素の数値がゼロであり，かつ，直前々期末を基準に計算する「1株当たりの配当金額」，「1株当たりの利益金額」，「1株当たりの純資産価額」の3要素についても同様に，いずれか2以上の判定要素の数値がゼロとなる会社をいいます。

[直前期末及び直前々期末の比準要素が1株当たりの純資産価額以外ゼロの会社の場合]

<table>
<tr><td rowspan="4">1. 比準要素数1の会社</td><td colspan="8">判　定　要　素</td><td rowspan="3">判定基準</td><td colspan="2" rowspan="3">(1)欄のいずれか2の判定要素が0であり、かつ、(2)欄のいずれか2以上の判定要素が0
である（該当）・でない（非該当）</td></tr>
<tr><td colspan="4">(1)直前期末を基とした判定要素</td><td colspan="4">(2)直前々期末を基とした判定要素</td></tr>
<tr><td colspan="2">第4表のⒷ1の金額</td><td>第4表のⒸ1の金額</td><td>第4表のⒹ1の金額</td><td colspan="2">第4表のⒷ2の金額</td><td>第4表のⒸ2の金額</td><td>第4表のⒹ2の金額</td></tr>
<tr><td>円
0</td><td>銭
0</td><td>円
0</td><td>円
50</td><td>円
0</td><td>銭
0</td><td>円
0</td><td>円
40</td><td>判定</td><td>該当</td><td>非該当</td></tr>
</table>

② 評価方法

原則として純資産価額方式により評価します。ただし納税者の選択により以下の算式で評価を行うことができます。なお，株式取得者とその同族関係者の議決権割合が50%以下である場合には，計算式の純資産価額について「純資産価額×80%」で評価することができます。特例的評価方式が適用される株主の場合には，配当還元方式により評価することができます（評基通189-2)。

類似業種比準価額×0.25＋純資産価額×（1－0.25）

ヒヤリハット事例⑩

比準要素数1の会社の判定にあたり，第4表の「1株当たりの利益金額」をそのまま使用してしまった。

第4表での類似業種比準価額の計算上，1株当たりの利益金額は，直前期末以前1年間の利益金額をもとに計算した金額か，直前期末以前2年間の利益金額÷2をもとに計算した金額のいずれか低い方の金額を選択します（第4表Ⓒ

の金額)。

比準要素数１の会社の判定上，直前期末を基準に計算する「１株当たりの利益金額」(Ⓒ$_1$の金額）は，Ⓒの金額の計算方法にかかわらず，直前期末以前１年間の利益金額をもとに計算した金額か直前期末以前２年間の利益金額÷２をもとに計算した金額のいずれか有利な方法を選択することができます。

自動的にⒸの金額 ＝ Ⓒ$_1$の金額にしてしまうと，本来であれば一般の評価会社に該当するケースでも比準要素数１の会社と判定してしまう恐れがあります。

比準要素数０の会社や比準要素数１の会社の判定を行う際には，「直前期末以前１年間の利益金額」と「直前期末以前２年間の利益金額÷2」のいずれか大きい金額になる方を選択してミスを防ぎましょう。

【事例】

Ａ社の類似業種比準価額の計算要素である１株当たりの配当金額，利益金額，純資産価額は，下記のとおりである。

類似業種比準価額の計算要素	直前期末を基とした判定要素	直前々期末を基とした判定要素
１株当たりの配当金額	直前期末以前２年間の配当金額を基に計算 Ⓑ$_1$ ⇒０円	直前々期末以前２年間の配当金額を基に計算 Ⓑ$_2$ ⇒０円
１株当たりの利益金額	次のいずれかの方法で計算 Ⓒ$_1$ ①　直前期末以前１年間の利益金額を基に計算 ⇒50円 ②　直前期末以前２年間の利益金額÷２を基に計算 ⇒０円	次のいずれかの方法で計算 Ⓒ$_2$ ①　直前々期末以前１年間の利益金額を基に計算 ⇒０円 ②　直前々期末以前２年間の利益金額÷２を基に計算 ⇒０円
１株当たりの純資産価額	直前期末における純資産額を基に計算 Ⓓ$_1$ ⇒1,050円	直前々期末における純資産額を基に計算 Ⓓ$_2$ ⇒1,000円

１株当たりの利益金額は，「直前期末以前１年間の利益金額」と「直前期末以

前２年間の利益金額÷2」を選択することができるので，類似業種比準価額の計算上は，低い０円（直前期末以前２年間の利益金額÷2 をもとに計算）を選択しますが，比準要素数１の会社の判定上は，Ⓒ1に 50 円を選択することができるため一般の評価会社に該当するところ，類似業種比準価額の計算で選択した０円（直前期末以前２年間の利益金額÷2 をもとに計算）を使用してしまったため，比準要素数１の会社に該当するものとして判定してしまった。

誤

(1)直前期末を基とした判定要素			
第４表のⒷ1の金額		第４表のⒸ1の金額	第４表のⒹ1の金額
円	銭	円	円
0	0	0	1,050

正

(1)直前期末を基とした判定要素			
第４表のⒷ1の金額		第４表のⒸ1の金額	第４表のⒹ1の金額
円	銭	円	円
0	0	50	1,050

(1) ～ **(6)** の特定の評価会社に該当する場合には，第２表の下部の「特定の評価会社の判定結果」において該当する番号を○で囲みます。

７．特定の評価会社の判定結果	１．比準要素数１の会社	２．株式等保有特定会社
	３．土地保有特定会社	４．開業後３年未満の会社等
	５．開業前又は休業中の会社	６．清算中の会社
	該当する番号を○で囲んでください。なお、上記の「１．比準要素数１の会社」欄から「６．清算中の会社」欄の判定において２以上に該当する場合には、後の番号の判定によります。	

ヒヤリハット事例⑪

比準要素数１の会社に該当したため，その他の特定の評価会社の判定を怠ってしまった。

特定の評価会社の判定にあたり，２以上に該当する場合には優先順位が決められており，清算中の会社⇒開業前または休業中の会社⇒開業後３年未満の会社・比重要素数ゼロの会社⇒土地保有特定会社⇒株式等保有特定会社⇒比準要素数１の会社の順番になっています。

よって，優先順位の低い特定の評価会社に該当した場合に，その他の特定の評価会社の判定を怠ってしまうと，判定を間違える恐れがあります。

特定の評価会社の判定を行う際には，必ずフローチャートを使い特定の評価会社の判定順序どおりに判定を行ってミスを防ぎましょう。

【事例】

Ａ社は直前期末及び直前々期末の比準要素が，１株当たりの純資産価額以外の２要素がゼロとなっている会社である。また同時に，総資産価額に占める株式等の価額の合計額が 50% を超えている。

比準要素数１の会社に該当したため，その時点で特定の評価会社の判定を止めてしまったが，実際には株式等保有特定会社にも該当するため，判定順序に従って株式等保有特定会社として評価すべきであった。

誤

7．特定の評価会社の判定結果	1．比準要素数１の会社	2．株式等保有特定会社
	3．土地保有特定会社	4．開業後３年未満の会社等
	5．開業前又は休業中の会社	6．清算中の会社
	（該当する番号を○で囲んでください。なお、上記の「1．比準要素数１の会社」欄から「6．清算中の会社」欄の判定において２以上に該当する場合には、後の番号の判定によります。）	

正

7．特定の評価会社の判定結果	1．比準要素数１の会社	2．株式等保有特定会社
	3．土地保有特定会社	4．開業後３年未満の会社等
	5．開業前又は休業中の会社	6．清算中の会社
	（該当する番号を○で囲んでください。なお、上記の「1．比準要素数１の会社」欄から「6．清算中の会社」欄の判定において２以上に該当する場合には、後の番号の判定によります。）	

第5章

一般の評価会社の評価額の算定

第3表
一般の評価会社の株式及び株式に関する権利の価額の計算明細書

（取引相場のない株式（出資）の評価明細書）

第3表　一般の評価会社の株式及び株式に関する権利の価額の計算明細書 会社名

（平成三十年一月一日以降用）

1．原則的評価方式による価額

1株当たりの価額の計算の基となる金額	類似業種比準価額（第4表の㉖、㉗又は㉘の金額）	1株当たりの純資産価額（第5表の⑪の金額）	1株当たりの純資産価額の80%相当額（第5表の⑫の記載がある場合のその金額）
	① 円	② 円	③ 円

	区分	1株当たりの価額の算定方法	1株当たりの価額
1株当たりの価額の計算	大会社の株式の価額	①の金額と②の金額とのいずれか低い方の金額（②の記載がないときは①の金額）	④ 円
	中会社の株式の価額	①と②とのいずれか低い方の金額 Lの割合 ②の金額（③の金額があるときは③の金額） Lの割合 （ 円×0. ）＋（ 円×（1－0. ））	⑤ 円
	小会社の株式の価額	②の金額（③の金額があるときは③の金額）と次の算式によって計算した金額とのいずれか低い方の金額 ①の金額 ②の金額（③の金額があるときは③の金額） （ 円×0.50）＋（ 円×0.50）＝ 円	⑥ 円

株式の価額の修正	課税時期において配当期待権の発生している場合	株式の価額（④、⑤又は⑥） 1株当たりの配当金額 円－ 円 銭	修正後の株式の価額 ⑦ 円
	課税時期において株式の割当てを受ける権利、株主となる権利又は株式無償交付期待権の発生している場合	株式の価額〔④、⑤又は⑥（⑦があるときは⑦）〕 割当株式1株当たりの払込金額 1株当たりの割当株式数 1株当たりの割当株式数又は交付株式数 （ 円＋ 円× 株）÷（1株＋ 株）	修正後の株式の価額 ⑧ 円

2．配当還元方式による価額

1株当たりの資本金等の額、発行済株式数等	直前期末の資本金等の額	直前期末の発行済株式数	直前期末の自己株式数	1株当たりの資本金等の額を50円とした場合の発行済株式数（⑨÷50円）	1株当たりの資本金等の額（⑨÷（⑩－⑪））
	⑨ 千円	⑩ 株	⑪ 株	⑫ 株	⑬ 円

直前期末以前2年間の配当金額	事業年度	⑭ 年配当金額	⑮ 左のうち非経常的な配当金額	⑯ 差引経常的な年配当金額（⑭－⑮）	年平均配当金額
	直前期	千円	千円	㋑ 千円	⑰（㋑＋㋺）÷2 千円
	直前々期	千円	千円	㋺ 千円	

1株（50円）当たりの年配当金額	年平均配当金額（⑰） ⑫の株式数 ⑱ 千円 ÷ 株 ＝ 円 銭	〔この金額が2円50銭未満の場合は2円50銭とします。〕
配当還元価額	⑱の金額 ⑬の金額 ⑲ （円 銭／10%）×（円／50円）＝ 円	⑳ 円 〔⑲の金額が、原則的評価方式により計算した価額を超える場合には、原則的評価方式により計算した価額とします。〕

3．株式に関する権利の価額（1．及び2．に共通）

配当期待権	1株当たりの予想配当金額 源泉徴収されるべき所得税相当額 （ 円 銭）－（ 円 銭）	㉑ 円 銭
株式の割当てを受ける権利（割当株式1株当たりの価額）	⑧（配当還元方式の場合は⑳）の金額 割当株式1株当たりの払込金額 円－ 円	㉒ 円
株主となる権利（割当株式1株当たりの価額）	⑧（配当還元方式の場合は⑳）の金額（課税時期後にその株主となる権利につき払い込むべき金額があるときは、その金額を控除した金額）	㉓ 円
株式無償交付期待権（交付される株式1株当たりの価額）	⑧（配当還元方式の場合は⑳）の金額	㉔ 円

4．株式及び株式に関する権利の価額（1．及び2．に共通）

株式の評価額	円
株式に関する権利の評価額	円 （円 銭）

1　一般の評価会社の最終的な評価額の算定方法

第4章の特定の評価会社の判定で，特定の評価会社のいずれにも該当せず一般の評価会社となる場合には，この第3表「一般の評価会社の株式及び株式に関する権利の価額の計算明細書」において1株当たりの最終的な評価額を算出します。

株主の区分に応じて，原則的評価方式が適用される株主については原則的評価方式により評価額を計算し，特例的評価方式が適用される株主については，原則的評価方式による価額と配当還元方式による価額のいずれか低い方を最終的な評価額とします。

2 原則的評価方式による評価額の算定

会社規模区分別の評価方法は下図のとおりです。

大会社の株式については，原則として類似業種比準方式により評価しますが，納税義務者の選択により，純資産価額方式により評価することもできます。

中会社の株式については，類似業種比準方式と純資産価額方式との併用方式により評価しますが，納税義務者の選択により算式中の類似業種比準価額を純資産価額に置き換えて評価することもできます。下図の算式中の「L」は，評価対象会社の規模区分に応じて，「0.90」「0.75」「0.60」のいずれかの割合とされており，規模区分の判定要素の数値が大きくなるにしたがい大会社に近づくため，類似業種比準方式の反映割合が高くなります。

小会社の株式については，原則として純資産価額方式により評価しますが，

[会社規模区分別の評価方法（評基通 179）]

大会社	類似業種比準価額 純資産価額　}いずれか低い方
中会社	類似業種比準価額×Lの割合＋純資産価額(※)×(1－Lの割合) 【類似業種比準価額について】 上記算式中の類似業種比準価額は，納税義務者の選択によって純資産価額とすることも可能。 【Lの割合について】 Lの割合（類似業種の使用割合）は会社規模区分に応じて下記のとおり。 中会社の「大」0.90 中会社の「中」0.75 中会社の「小」0.60
小会社	純資産価額(※) 類似業種比準価額×0.5＋純資産価額×0.5　}いずれか低い方

（※）　納税義務者とその同族関係者の議決権割合が50％以下である場合
⇒純資産価額×80％

納税義務者の選択によりＬの割合を 0.5 として中会社の株式に適用している併用方式で評価することもできます。

原則的評価方式による評価額は明細書の以下の部分に記載します。

［類似業種比準価額 10,000 円，純資産価額 20,000 円で小会社に区分される会社の場合］

<table>
<tr><td rowspan="10">1．原則的評価方式による価額</td><td colspan="2" rowspan="2">1株当たりの価額の計算の基となる金額</td><td>類似業種比準価額
（第4表の㉖、㉗又は㉘の金額）</td><td>1株当たりの純資産価額
（第5表の⑪の金額）</td><td>1株当たりの純資産価額の80%相当額（第5表の⑫の記載がある場合のその金額）</td></tr>
<tr><td>①　10,000　円</td><td>②　20,000　円</td><td>③　円</td></tr>
<tr><td rowspan="4">1株当たりの価額の計算</td><td>区分</td><td colspan="2">1株当たりの価額の算定方法</td><td>1株当たりの価額</td></tr>
<tr><td>大会社の株式の価額</td><td colspan="2">①の金額と②の金額とのいずれか低い方の金額
（②の記載がないときは①の金額）</td><td>④　円</td></tr>
<tr><td>中会社の株式の価額</td><td colspan="2">①と②とのいずれか低い方の金額　Lの割合　②の金額（③の金額があるときは③の金額）　Lの割合
（　円×0.　）＋（　円×（1－0.　））</td><td>⑤　円</td></tr>
<tr><td>小会社の株式の価額</td><td colspan="2">②の金額（③の金額があるときは③の金額）と次の算式によって計算した金額とのいずれか低い方の金額
①の金額　②の金額（③の金額があるときは③の金額）
（　10,000　円×0.50）＋（　20,000　円×0.50）＝　15,000　円</td><td>⑥　15,000　円</td></tr>
<tr><td rowspan="4">株式の価額の修正</td><td rowspan="2">課税時期において配当期待権の発生している場合</td><td colspan="2" rowspan="2">株式の価額（④、⑤又は⑥）　1株当たりの配当金額
円－　円　銭</td><td>修正後の株式の価額</td></tr>
<tr><td>⑦　円</td></tr>
<tr><td rowspan="2">課税時期において株式の割当てを受ける権利、株主となる権利又は株式無償交付期待権の発生している場合</td><td colspan="2" rowspan="2">株式の価額〔④、⑤又は⑥（⑦があるときは⑦）〕　割当株式1株当たりの払込金額　1株当たりの割当株式数　1株当たりの割当株式数又は交付株式数
（　円＋　円×　株）÷（1株＋　株）</td><td>修正後の株式の価額</td></tr>
<tr><td>⑧　円</td></tr>
</table>

ヒヤリハット事例⑫

大会社の評価で類似業種比準方式に代えて純資産価額方式を採用したが，納税義務者の属する株主グループの議決権割合が 50%以下であったため，評価額を 80%相当額としてしまった。

純資産価額方式により計算する際には，株式取得者とその同族関係者の議決権割合が 50%以下である場合には，原則として，「純資産価額×80%」の斟酌を行います。これは議決権割合が50%以下である同族株主については，評価会社を完全に支配しているとはいえず，50%超の場合との支配力の格差を考慮して元々の評価額の 80%相当額とするディスカウントが認められているためです。

ただし，前述の**［会社規模区分別の評価方法］**に記載のとおり，この斟酌は大会社が純資産価額方式を選択する場合や，中会社が類似業種比準価額に代えて純資産価額を選択する場合には認められていません。これらの純資産価額の選択については，評価の安全性を考慮して設けられているため，そのようなケースの場合にまで評価額を80%相当額とする必要がないと考えられるためです。どんなケースにおいても80%相当額で評価をしてしまうと評価を間違える恐れがあります。

株式取得者が議決権割合50%以下のグループに属する場合には，80%評価できないケースに該当していないかを確認してミスを防ぎましょう。

【事例】

・A社は大会社

・類似業種比準方式により計算した1株当たりの評価額　15,000円

・純資産価額方式により計算した1株当たりの評価額（80%評価前）　10,000円

類似業種比準方式により計算した評価額よりも純資産価額方式で計算した評価額の方が低かったことから，純資産価額方式により「10,000円×80%＝8,000円」としたが，大会社が選択により純資産価額方式を適用する場合には80%相当額とすることはできないことから，1株当たりの評価額は10,000円とすべきであった。

誤

1株当たりの純資産価額（第5表の⑪の金額）	1株当たりの純資産価額の80%相当額（第5表の⑫の記載がある場合のその金額）
② 10,000 円	③ 8,000 円

正

1株当たりの純資産価額（第5表の⑪の金額）	1株当たりの純資産価額の80%相当額（第5表の⑫の記載がある場合のその金額）
② 10,000 円	③ 円

3　配当還元方式による評価額の算定

少数株主に代表される同族株主等以外の株主は，その所有する株式によってその発行会社の経営に影響力を及ぼすことができない程度の議決権しか有していません。したがって，その株式を所有するメリットは，その発行会社からの配当金を得ることとなります。このことから，その取得する株式について，その配当金額から株価を逆算する配当還元方式により評価することとされています。

配当還元方式により算定した評価額は，一般的に原則的評価方式よりも相当に低くなりますが，その配当還元価額が，原則的評価方式によって算定した価額を超えることとなる場合には，その原則的評価方式により評価します（評基通 188−2）。

また，特定の評価会社のうち，比準要素数 1 の会社，株式等保有特定会社，土地保有特定会社または開業後 3 年未満の会社等に該当する場合においても，同族株主等以外の株主が取得した株式については，配当還元方式によって評価することができます。一方で，開業前または休業中の会社の株式及び清算中の会社の株式については，この配当還元方式を適用することはできません（評基通 189−5，189−6）。

配当還元方式の算式は以下のとおりです。

$$\text{1株当たりの評価額} = \frac{\text{その株式に係る年配当金額(※)}}{10\%} \times \frac{\text{その株式の1株当たりの資本金等の額}}{50\text{円}}$$

$$\text{(※)その株式に係る年配当金額} = \frac{\text{直前期末以前2年間における配当金額の合計額} \div 2}{\text{直前期末における発行済株式数（1株当たりの資本金等の額を50円とした場合）}}$$

なお，算式中の「その株式に係る年配当金額」については以下の点に注意が必要です。

(1) 中間配当

事業年度が1年で期中に中間配当を行っている場合において，前期の期末配当の支払いも当該事業年度にあるときは，その中間配当金と期末配当金の合計金額によって各事業年度の配当金額とします。

(2) 特別配当・記念配当

特別配当や記念配当などのように，将来において毎期継続して行うことが予想できないような配当は，不確定要素として配当金額から除いて計算を行います。

(3) 配当をしていない場合

その会社のその年における配当がなかった場合や，計算の結果2円50銭未満になる場合には，上記算式中の「その株式に係る年配当金額」は，2円50銭とします。

配当還元方式による評価額は明細書の以下の部分に記載します。

[資本金等の額 30,000 円，発行済株式数 1,000 株，年配当金額が各 3,000 千円の会社の場合]

2 配当還元方式による価額	1株当たりの資本金等の額、発行済株式数等	直前期末の資本金等の額	直前期末の発行済株式数	直前期末の自己株式数	1株当たりの資本金等の額を50円とした場合の発行済株式数（⑨÷50円）	1株当たりの資本金等の額（⑨÷（⑩－⑪））
		⑨ 30,000 千円	⑩ 1,000 株	⑪ 株	⑫ 600,000 株	⑬ 30,000 円

直前期末以前2年間の配当金額	事業年度	⑭ 年配当金額	⑮ 左のうち非経常的な配当金額	⑯ 差引経常的な年配当金額（⑭－⑮）	年平均配当金額
	直前期	3,000 千円	千円	㋑ 3,000 千円	⑰ （㋑＋㋺）÷2 千円 3,000
	直前々期	3,000 千円	千円	㋺ 3,000 千円	

1株（50円）当たりの年配当金額	年平均配当金額（⑰） 3,000 千円 ÷ ⑫の株式数 600,000 株 ＝ ⑱ 5 円 00 銭 （この金額が2円50銭未満の場合は2円50銭とします。）
配当還元価額	⑱の金額 5 円 00 銭 / 10% × ⑬の金額 30,000 円 / 50円 ＝ ⑲ 30,000 円 ｜ ⑳ 30,000 円 （⑲の金額が、原則的評価方式により計算した価額を超える場合には、原則的評価方式により計算した価額とします。）

4　株式に関する権利の評価と株式の価額の修正

株式に関する権利は，株式本体の評価とは異なりますが，新株の発行や配当等に際して株式に附属して発生するものであり，この株式に関する権利が発生している場合には，その権利の価額を，財産評価基本通達上，別途評価することとされています（評基通 190，191，192，193）。その株式に関する権利の価額については第 3 表の下部において評価するとともに，その当該権利に相当する価額については株式の評価額から控除することによって，当該権利の発生していない場合における評価額との均衡を図ることとされています（評基通 187）。

なお，株式に関する権利には，「配当期待権」，「株式の割当てを受ける権利」，「株主となる権利」，「株式無償交付期待権」があります。

(1)　課税時期が配当金交付の基準日の翌日から配当金交付の効力が発生する日までの間にある場合

［配当期待権］

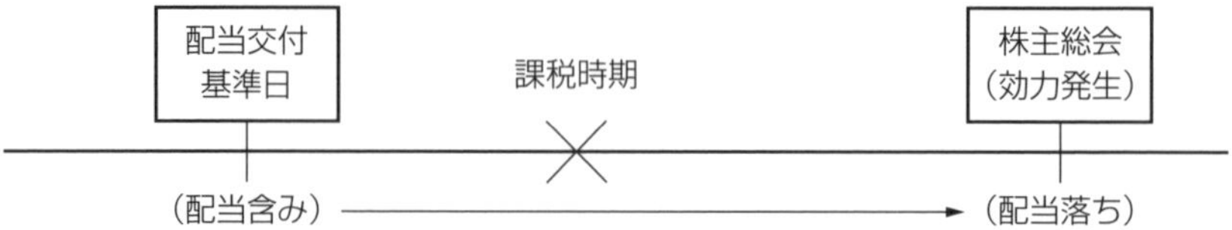

配当期待権は財産評価上，株式本体とは別で評価されることとなるため，株式評価については，配当金分だけ評価額が値下がりするいわゆる「配当落ち」の価額を計算する必要があります。

類似業種比準方式では直前期末の数値をベースに計算しているため，課税時期までの配当期待権については考慮されていません。同様に，純資産価額方式においても，課税時期において未払配当金は負債として計上されていないため，配当期待権については考慮されていません。よって，配当期待権を評価するとともに，原則的評価方式による１株当たりの評価額から１株当たりの配当金の金額を控除することによって株式の価額を修正することとされています。

[配当期待権の計算式]

１株当たりの予想配当金額－源泉徴収されるべき所得税相当額

[株式の価額の修正の計算式]

原則的評価方式による評価額－１株当たりの予想配当金額

(2)　課税時期が株式の割当ての基準日・株式の割当てのあった日または株式無償交付の基準日のそれぞれの翌日からこれらの株式の効力が発生する日までの間にある場合

[株式の割当てを受ける権利等]

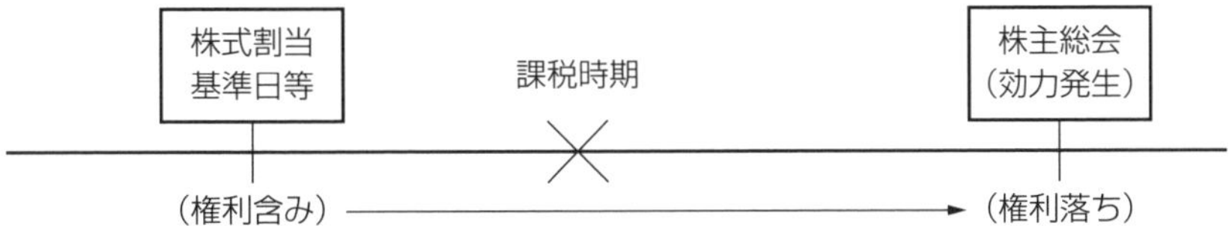

株式割当等の権利は，配当期待権と同様に財産評価上，株式本体とは別で評価されることとなるため，株式評価については，いわゆる「権利落ち」の価額を計算する必要があります。

類似業種比準方式では直前期末の数値をベースに計算しているため，課税時期までの株式の割当て等の権利については考慮されていません。同様に，純資産価額方式においても，課税時期の発行済株式数は，割当株数は考慮されていません。よって，それぞれの権利を次の算式により評価するとともに，原則的評価方式による１株当たりの評価額を**［株式の価額の修正の計算式］**により修正することとされています。

[株式の割当てを受ける権利の計算式]

１株当たりの権利落ち後の株式の評価額－割当株式１株当たりの払込金額

[株主となる権利の計算式]

会社設立の場合⇒課税時期以前に，その株式につき払い込んだ金額 その他の場合⇒１株当たりの権利落ち後の株式の評価額－その株式１株につき払い込むべき金額（課税時期後にその株主となる権利について払い込むべき金額がある場合）

[株式無償交付期待権の計算式]

当該株式につき，それぞれ財産評価基本通達の定めにより評価した金額

[株式の価額の修正の計算式]

$$\frac{\text{原則的評価方式により計算した１株当たりの価額} + \text{割当株式１株につき払い込むべき金額} \times \text{１株当たりの割当株式数または交付株式数}}{1 + \text{１株に対する割当株式数または交付株式数}}$$

株式の価額の修正については明細書の以下の部分に記載します。

[修正前の評価額が 3,500 円，1 株当たりの予想配当金額が 100 円の配当期待権が生じている会社の場合]

株式の価額の修正	課税時期において配当期待権の発生している場合	株式の価額（④、⑤又は⑥） 3,500 円－ 1株当たりの配当金額 100 円 00 銭	修正後の株式の価額 ⑦ 3,400 円
	課税時期において株式の割当てを受ける権利、株主となる権利又は株式無償交付期待権の発生している場合	株式の価額〔④、⑤又は⑥(⑦があるときは⑦)〕 割当株式1株当たりの払込金額 1株当たりの割当株式数 1株当たりの割当株式数又は交付株式数 (円+ 円× 株)÷(1株+ 株)	修正後の株式の価額 ⑧ 円

また，株式に関する権利の価額についても同様に明細書の以下の部分に記載します。

3. 株式に関する権利の価額（1.及び2.に共通）	配当期待権	1株当たりの予想配当金額 源泉徴収されるべき所得税相当額 (100 円 00 銭)－(20 円 42 銭)	㉑ 79 円	58 銭	4. 株式及び株式に関する権利の価額（1.及び2.に共通）	
	株式の割当てを受ける権利（割当株式1株当たりの価額）	⑧（配当還元方式の場合は⑳）の金額 割当株式1株当たりの払込金額 円－ 円	㉒ 円		株式の評価額	3,400 円
	株主となる権利（割当株式1株当たりの価額）	⑧（配当還元方式の場合は⑳）の金額（課税時期後にその株主となる権利につき払い込むべき金額があるときは、その金額を控除した金額）	㉓ 円		株式に関する権利の評価額	円（円 銭） 79円58銭
	株式無償交付期待権（交付される株式1株当たりの価額）	⑧（配当還元方式の場合は⑳）の金額	㉔ 円			

ヒヤリハット事例⑬

配当期待権の評価のみを行って，株式の評価額を配当落ちにするのを失念してしまった。

課税時期が配当金交付の基準日の翌日から配当金交付の効力が発生する日までの間にある場合には，原則的評価方式による評価額から 1 株当たりの予想配当金額を控除する修正を行う必要があります。

非上場会社でも配当金を交付している会社は多いので，決算報告書の個別注記表やヒアリング等から，直前期末以降の配当金の支払い状況を確認することによってミスを防ぎましょう。

【事例】

A 杜の株主甲は令和 2 年 2 月 15 日に死亡。

A 社の配当金交付は次のように行われていた。

配当金交付の基準日　令和 2 年 1 月 31 日（直前期末日）

配当金交付の効力発生日　令和 2 年 2 月 28 日（株主総会の決議の日）

株式 1 株に対して受ける予想配当の金額　500 円

A 杜の原則的評価方式（修正前）による 1 株当たりの評価額　5,000 円

A 杜の株式に配当期待権が発生していること考慮した価額の 4,500 円（5,000 円－500 円）に価額の修正を行うべきであったが 5,000 円のまま評価してしまった。

なお，この場合の配当期待権の評価は「500 円－源泉所得税額 102 円 10 銭 (20.42%)＝397 円 90 銭」となる。

誤

課税時期において配当期待権の発生している場合	株式の価額 (④、⑤又は⑥)	1株当たりの 配当金額	修正後の株式の価額
	円−	円　銭	⑦　円

正

課税時期において配当期待権の発生している場合	株式の価額 (④、⑤又は⑥)	1株当たりの 配当金額	修正後の株式の価額
	5,000 円−	500 円 00 銭	⑦ 4,500 円

第6章

類似業種比準価額の算定

第4表
類似業種比準価額等の計算明細書

（取引相場のない株式（出資）の評価明細書）

第４表　類似業種比準価額等の計算明細書

会社名

（平成三十年一月一日以降用）

１．１株当たりの資本金等の額等の計算	直前期末の資本金等の額	直前期末の発行済株式数	直前期末の自己株式数	１株当たりの資本金等の額（①÷（②－③））	１株当たりの資本金等の額を50円とした場合の発行済株式数（①÷50円）
	①　千円	②　株	③　株	④　円	⑤　株

２．比準要素等の金額の計算

１株（50円）当たりの年配当金額

直前期末以前２（３）年間の年平均配当金額				
事業年度	⑥ 年配当金額	⑦ 左のうち非経常的な配当金額	⑧ 差引経常的な年配当金額（⑥－⑦）	年平均配当金額
直前期	千円	千円	㋑　千円	⑨（㋑＋㋺）÷２　千円
直前々期	千円	千円	㋺　千円	
直前々期の前期	千円	千円	㋩　千円	⑩（㋺＋㋩）÷２　千円

比準要素数１の会社・比準要素数０の会社の判定要素の金額		
⑨/⑤	Ⓑ1　円	銭　0
⑩/⑤	Ⓑ2　円	銭　0
１株（50円）当たりの年配当金額（Ⓑ1の金額）		
Ⓑ	円	銭

１株（50円）当たりの年利益金額

直前期末以前２（３）年間の利益金額						
事業年度	⑪法人税の課税所得金額	⑫非経常的な利益金額	⑬受取配当等の益金不算入額	⑭左の所得税額	⑮損金算入した繰越欠損金の控除額	⑯差引利益金額（⑪－⑫＋⑬－⑭＋⑮）
直前期	千円	千円	千円	千円	千円	㋥　千円
直前々期	千円	千円	千円	千円	千円	㋭　千円
直前々期の前期	千円	千円	千円	千円	千円	㋬　千円

比準要素数１の会社・比準要素数０の会社の判定要素の金額	
㋥/⑤ 又は（㋥＋㋭）÷２/⑤	Ⓒ1　円
㋭/⑤ 又は（㋭＋㋬）÷２/⑤	Ⓒ2　円
１株（50円）当たりの年利益金額〔㋥/⑤ 又は（㋥＋㋭）÷２/⑤ の金額〕	
Ⓒ	円

１株（50円）当たりの純資産価額

直前期末（直前々期末）の純資産価額			
事業年度	⑰ 資本金等の額	⑱ 利益積立金額	⑲ 純資産価額（⑰＋⑱）
直前期	千円	千円	㋣　千円
直前々期	千円	千円	㋠　千円

比準要素数１の会社・比準要素数０の会社の判定要素の金額	
㋣/⑤	Ⓓ1　円
㋠/⑤	Ⓓ2　円
１株（50円）当たりの純資産価額（Ⓓ1の金額）	
Ⓓ	円

３．類似業種比準価額の計算

１株（50円）当たりの比準価額の計算

類似業種の株価		
類似業種と業種目番号	（No.　）	
課税時期の属する月	月	㋷　円
課税時期の属する月の前月	月	㋦　円
課税時期の属する月の前々月	月	㋸　円
前年平均株価		㋾　円
課税時期の属する月以前２年間の平均株価		㋻　円
A〔㋷、㋦、㋸、㋾及び㋻のうち最も低いもの〕		⑳　円

比準割合の計算 区分	１株（50円）当たりの年配当金額		１株（50円）当たりの年利益金額	１株（50円）当たりの純資産価額	１株（50円）当たりの比準価額
評価会社	Ⓑ　円	銭　0	Ⓒ　円	Ⓓ　円	⑳×㉑×0.7 ※
類似業種	B　円	銭　0	C　円	D　円	※〔中会社は0.6 小会社は0.5 とします。〕
要素別比準割合	Ⓑ/B　.		Ⓒ/C　.	Ⓓ/D　.	
比準割合	（Ⓑ/B＋Ⓒ/C＋Ⓓ/D）/3 ＝ ㉑　.				㉒　円　銭　0

類似業種の株価		
類似業種と業種目番号	（No.　）	
課税時期の属する月	月	㋕　円
課税時期の属する月の前月	月	㋵　円
課税時期の属する月の前々月	月	㋟　円
前年平均株価		㋹　円
課税時期の属する月以前２年間の平均株価		㋞　円
A〔㋕、㋵、㋟、㋹及び㋞のうち最も低いもの〕		㉓　円

比準割合の計算 区分	１株（50円）当たりの年配当金額		１株（50円）当たりの年利益金額	１株（50円）当たりの純資産価額	１株（50円）当たりの比準価額
評価会社	Ⓑ　円	銭　0	Ⓒ　円	Ⓓ　円	㉓×㉔×0.7 ※
類似業種	B　円	銭　0	C　円	D　円	※〔中会社は0.6 小会社は0.5 とします。〕
要素別比準割合	Ⓑ/B　.		Ⓒ/C　.	Ⓓ/D　.	
比準割合	（Ⓑ/B＋Ⓒ/C＋Ⓓ/D）/3 ＝ ㉔　.				㉕　円　銭　0

１株当たりの比準価額	比準価額（㉒と㉕とのいずれか低い方）　円　0銭 × ④の金額/50円　円	㉖　円

比準価額の修正		
直前期末の翌日から課税時期までの間に配当金交付の効力が発生した場合	比準価額（㉖）　円 － １株当たりの配当金額　円　銭	修正比準価額　㉗　円
直前期末の翌日から課税時期までの間に株式の割当て等の効力が発生した場合	（比準価額（㉖）（㉗があるときは㉗）　円＋割当株式１株当たりの払込金額　円　銭×１株当たりの割当株式数　株）÷（１株＋１株当たりの割当株式数又は交付株式数　株）	修正比準価額　㉘　円

1　類似業種比準価額の算定方法

取引相場のない株式のうち会社規模区分が「大会社」に該当する会社の株式は，原則として類似業種比準方式により評価することとされています（評基通179）。これは，大会社とは事業規模が上場会社に準ずるような規模の会社であることから，そのような規模の会社の株式については，上場会社の株式の評価とのバランスを考慮し，評価会社と事業内容が類似する上場会社の業種目の平均株価をもとにして，1株当たりの「配当金額」，「利益金額」及び「純資産価額」の3つの比準割合を乗じて算出することが合理的であると考えられているためです。

なお，大会社以外の中会社・小会社についても，類似業種比準方式を取り入れた評価方式を選択することができます。類似業種比準方式による具体的な計算式は次頁の**［類似業種比準方式の算式］**のとおりです。

また，取引相場のない株式は，現実に取引市場を持たない株式の評価であることなどから，評価の安全性を考慮し，**［類似業種比準方式の算式］**中の類似業種の株価Aをもとに，類似業種の上場会社と評価会社を比較して求めた比準割合を乗じて計算した金額に，会社規模に応じた斟酌率を乗じることとされています。斟酌率は会社の規模区分に応じて，大会社⇒0.7，中会社⇒0.6，小会社⇒0.5とされています。

なお，課税時期が直前期末よりも直後期末に近い場合であっても，標本会社となる上場会社と評価会社の比準要素をできる限り同一の基準で算定することが，より適正な比準価額の算定を可能にすると考えられることのほか，課税時期後における影響要因を排除することをも考慮して，必ず評価会社の直前期末の決算数値を使用することとされています。

［類似業種比準方式の算式（評基通 180）］

$$A \times \frac{\dfrac{\text{《B》}}{B} + \dfrac{\text{《C》}}{C} + \dfrac{\text{《D》}}{D}}{3} \times \begin{array}{l} 0.7\text{（大会社の場合）} \\ 0.6\text{（中会社の場合）} \\ 0.5\text{（小会社の場合）} \end{array}$$

上の算式中「A」，「《B》」，「《C》」，「《D》」，「B」，「C」及び「D」は，それぞれ次による。

A…類似業種の株価

《B》…評価会社の 1 株当たりの配当金額

《C》…評価会社の 1 株当たりの利益金額

《D》…評価会社の 1 株当たりの純資産価額（帳簿価額によって計算した金額）

B…課税時期の属する年の類似業種の 1 株当たりの配当金額

C…課税時期の属する年の類似業種の 1 株当たりの年利益金額

D…課税時期の属する年の類似業種の 1 株当たりの純資産価額（帳簿価額によって計算した金額）

（注）類似業種比準価額の計算にあたっては，《B》，《C》及び《D》の金額は 1 株当たりの資本金等の額を 50 円とした場合の金額として計算します。

この第 4 表「類似業種比準価額等の計算明細書」では，類似業種比準方式の算式に基づき評価額を算定します。

2　A…類似業種の株価の抽出

類似業種の株価については，国税庁が毎年「類似業種比準価額計算上の業種目及び業種目別株価等について（法令解釈通達）」で定めており，毎年6月頃にその年分の資料が公表されています。この資料から評価会社が該当する業種目について，課税時期の属する月以前3か月の各月の株価，前年平均株価及び課税時期が属する月以前2年間の平均株価を拾い出して，その中で最も低いものをAの類似業種の株価とします。

［類似業種比準方式の算式］のB，C，Dは6月に公表された数値をその年中は使い続けますが，Aの類似業種の株価については，最初の公表時はその年の2月までの株価のみ公表されます。その後，2か月分ずつ随時公表されていきます。

なお，1月～5月までの期間に贈与を行う場合，その年分の資料が公表される6月より前なので，株価が想定より高くなる恐れがあるため注意が必要です。

別　紙

類似業種比準価額計算上の業種目及び業種目別株価等(令和3年分)

（単位：円）

大分類	中分類	小分類	番号	内容	B 配当金額	C 利益金額	D 簿価純資産価額	A（株価） 令和2年平均	2年11月分	2年12月分
建設業			1		***6.9***	***45***	***357***	***275***	***294***	***296***
	総合工事業		2		**5.9**	**42**	**315**	**230**	**250**	**249**
		建築工事業（木造建築工事業を除く）	3	鉄骨鉄筋コンクリート造建築物、鉄筋コンクリート造建築物、無筋コンクリート造建築物及び鉄骨造建築物等の完成を請け負うもの	7.0	52	306	281	352	343
		その他の総合工事業	4	総合工事業のうち、３に該当するもの以外のもの	5.6	39	317	217	223	224
	職別工事業		5	下請として工事現場において建築物又は土木施設等の工事目的物の一部を構成するための建設工事を行うもの	**7.6**	**36**	**365**	**331**	**365**	**377**
	設備工事業		6		**9.1**	**58**	**457**	**360**	**374**	**381**
		電気工事業	7	一般電気工事業及び電気配線工事業を営むもの	7.3	49	486	305	316	317
		電気通信・信号装置工事業	8	電気通信工事業、有線テレビジョン放送設備設置工事業及び信号装置工事業を営むもの	4.3	27	189	236	242	240
		その他の設備工事業	9	設備工事業のうち、７及び８に該当するもの以外のもの	11.2	69	495	418	434	447

（注）　「A（株価）」は、業種目ごとに令和３年分の標本会社の株価を基に計算しているので、標本会社が令和２年分のものと異なる業種目などについては、令和２年11月分及び12月分の金額は、令和２年分の評価に適用する令和２年11月分及び12月分の金額とは異なることに留意してください。また、令和２年平均及び課税時期の属する月以前２年間の平均株価についても、令和３年分の標本会社を基に計算しています。

類似業種比準価額計算上の業種目及び業種目別株価等(令和3年分)

（単位:円）

業種目 大分類 　中分類 　　小分類	番号	A（株価）【上段：各月の株価、下段：課税時期の属する月以前２年間の平均株価】 令和３年１月分	２月分	３月分	４月分	５月分	６月分	７月分	８月分	９月分	10月分	11月分	12月分
建設業	1	301 271	307 272	319 275	318 277	313 280	315 282	317 285	312 287	324 290	318 292	312 293	307 294
総合工事業	2	248 228	253 229	265 231	267 233	264 235	264 237	265 239	262 241	274 244	271 245	266 246	261 246
建築工事業（木造建築工事業を除く）	3	334 265	340 270	351 275	361 280	361 286	369 292	361 298	359 303	383 310	383 315	375 319	361 321
その他の総合工事業	4	225 218	231 219	243 220	242 221	238 222	236 223	240 224	237 225	246 227	241 227	238 228	235 227
職別工事業	5	400 329	402 332	423 336	424 340	401 343	403 347	398 350	390 354	392 357	385 360	383 362	369 364
設備工事業	6	392 352	399 354	410 357	405 360	401 363	406 367	411 370	405 373	420 377	407 379	398 381	397 382
電気工事業	7	333 301	330 302	336 304	326 305	314 306	313 308	314 309	312 310	326 311	308 312	293 311	293 310
電気通信・信号装置工事業	8	247 221	250 224	251 227	253 229	261 232	256 234	257 237	263 240	276 243	266 245	251 246	238 245
その他の設備工事業	9	457 408	470 412	487 416	482 420	480 424	492 429	500 433	489 438	504 443	495 447	490 450	492 452

3 類似業種比準価額計算上の業種目の選択

類似業種比準価額計算上の業種目は，大分類・中分類及び小分類に区分して定める業種目のうち，評価会社の事業が該当する業種目とし，その業種目が小分類に区分されているものにあっては小分類による業種目，小分類に区分されていない中分類のものにあっては中分類の業種目によります。ただし，納税義務者の選択により，類似業種が小分類による業種目である場合にあってはその業種目の属する中分類の業種目，類似業種が中分類による業種目である場合にあってはその業種目の属する大分類の業種目をそれぞれ類似業種とすることができるので，小分類または中分類の業種目に評価会社が該当する場合には，それぞれ中分類または大分類の業種目でも計算して，いずれか有利な方（評価額が低い方）を選択することができます（評基通 181)。

なお，評価会社の業種目については，直前期末以前 1 年間の取引金額（売上高）に基づいて，日本標準産業分類の分類項目の中からその会社が該当する業種を選択します。その後，「日本標準産業分類の分類項目と類似業種比準価額計算上の業種目との対比表」を使用し類似業種比準価額計算上の業種目を決定します。

ヒヤリハット事例⑭

日本標準産業分類の分類項目に基づき業種目の判定を行っていなかった。

評価会社の業種目の判定は，直前期末以前 1 年間の取引金額（売上高）に基づいて，日本標準産業分類の分類項目の中からその会社が該当する業種を選択します。その後，対比表を使い類似業種比準方式における業種目を決定する必要があります。最初から類似業種比準価額計算上の業種目のいずれに該当するかを判定しようとすると，間違った業種を選択してしまう恐れがあります。

類似業種比準価額計算上の業種目の選択の誤りは，実務上，非常に多く見受けられます。法人事業概況書説明書等に記載の事業内容と，実際に売上が一番大きい事業の内容が相違しているケースもあります。よって，面倒でも評価会社の直前期末以前1年間の売上高の内訳を精査し，日本標準産業分類の分類項目を慎重に選択することでミスを防ぎましょう。

【事例】

A社は鉄スクラップの加工を行っている会社である。類似業種比準価額計算上の業種目には「鉄スクラップ加工処理業」に該当する業種目がなかったことから，「その他の製造業」と判定して評価を行ってしまった。正しくは日本標準産業分類の細分類「鉄スクラップ加工処理業」に該当し，対比表から類似業種比準価額計算上の業種目は中分類の「鉄鋼業」として評価すべきであった。

日本標準産業分類（平成25年［2013年］10月改定）＞製造業＞鉄鋼業＞その他の鉄鋼業＞鉄スクラップ加工処理業

統計分類	日本標準産業分類（平成25年［2013年］10月改定）
大分類	E　製造業
中分類	22　鉄鋼業
小分類	229　その他の鉄鋼業
細分類	2292　鉄スクラップ加工処理業
細分類の説明	主として他から受け入れた鉄スクラップ（鉄くず）を製鋼原料として電気炉，転炉に直接投入できるように加工処理を行う事業所をいう。
事例	鉄スクラップ加工処理業；製鋼原料用鉄スクラッププレス・シャーリング業；製鋼原料用鉄スクラップシュレッダー業；製鋼原料用鉄スクラップ化学処理業
不適合事例	鉄鋼シャースリット業［2291］；鉄スクラップ卸売業［5362］；鉄くず破砕請負業［9299］

日本標準産業分類の分類項目	類似業種比準価額計算上の業種目	
22 鉄鋼業		
221 製鉄業	鉄鋼業	29
222 製鋼・製鋼圧延業		
223 製鋼を行わない鋼材製造業（表面処理鋼材を除く）		
224 表面処理鋼材製造業		
225 鉄素形材製造業		
229 その他の鉄鋼業		

誤

類似業種と業種目番号		その他の製造業 (No. 51)	
類似業種の株価	課税時期の属する月	月	㋷ 円
	課税時期の属する月の前月	月	㋦ 円
	課税時期の属する月の前々月	月	㋸ 円
	前年平均株価		㋾ 円
	課税時期の属する月以前２年間の平均株価		㋻ 円
	A（㋷、㋦、㋸、㋾及び㋻のうち最も低いもの）		⑳ 円

正

類似業種と業種目番号		鉄鋼業 (No. 29)	
類似業種の株価	課税時期の属する月	月	㋷ 円
	課税時期の属する月の前月	月	㋦ 円
	課税時期の属する月の前々月	月	㋸ 円
	前年平均株価		㋾ 円
	課税時期の属する月以前２年間の平均株価		㋻ 円
	A（㋷、㋦、㋸、㋾及び㋻のうち最も低いもの）		⑳ 円

また，評価会社が複数の事業を営む場合は，業種目を判定する際，取引金額（売上）のうち50％超を占める業種目に該当するものとされます。

取引金額全体のうちに占める業種目別の取引金額の割合が50％を超える業種目がない場合は，次に掲げる場合に応じたそれぞれの業種目となります（評基通181–2）。

(1) 評価会社の事業が１つの中分類の業種目中の２以上の類似する小分類の業種目に属し，それらの業種目別の取引金額の割合の合計が50％を超える場合

その中分類の中にある類似する小分類の「その他の○○業」となります。

○　評価会社の業種目と業種目別の割合

業　種　目	業種目別の割合
有機化学工業製品製造業	45%
医薬品製造業	30%
不動産賃貸業・管理業	25%

○　類似業種比準価額計算上の業種目

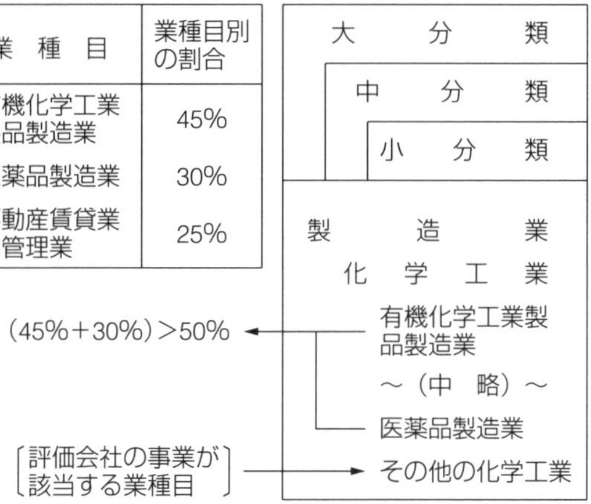

類似するかしないかについての判断は，分類の一番下にその他の○○業があるかどうかにより判断します。上記の例の場合には，小分類の一番下に「その他の化学工業」の記載がありますので，「有機化学工業製品製造業」と「医薬品製造業」は類似している業種目に該当します。

(2)　評価会社の事業が1つの中分類の業種目中の2以上の類似しない小分類の業種目に属し，それらの業種目別の取引金額の割合の合計が50%を超える場合

その2以上の類似しない小分類の業種目が属する中分類の業種目となります。

○ 評価会社の業種目と業種目別の割合

業　種　目	業種目別の割合
ソフトウェア業	45%
情報処理・提供サービス業	35%
娯楽業	20%

○ 類似業種比準価額計算上の業種目

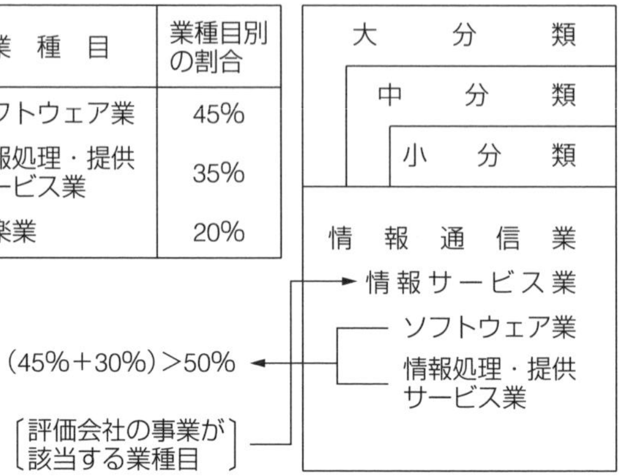

(3)　評価会社の事業が1つの大分類の業種目中の2以上の類似する中分類の業種目に属し，それらの業種目別の割合の合計が50%を超える場合

その大分類の中にある類似する中分類の「その他の○○業」となります。

○ 評価会社の業種目と業種目別の割合

業　種　目	業種目別の割合
プラスチック製品製造業	45%
ゴム製品製造業	35%
不動産賃貸業・管理業	20%

○ 類似業種比準価額計算上の業種目

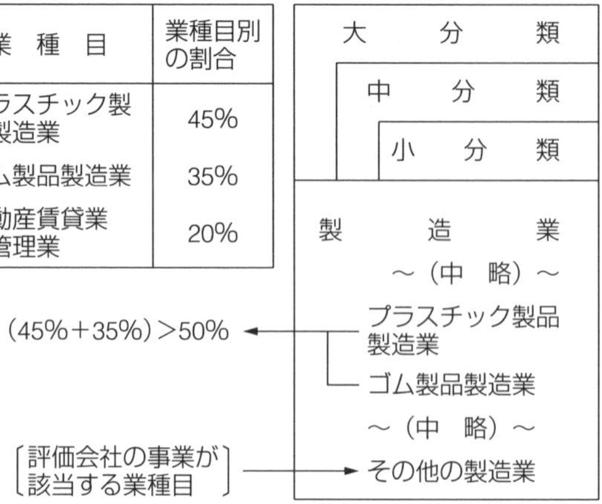

郵便はがき

料金受取人払郵便

落合局承認

4331

差出有効期間
2024年8月31日

(期限後は切手を
おはりください)

161-8780

東京都新宿区下落合2-5-13

㈱ 税務経理協会

社長室行

お名前	フリガナ	性別	男 ・ 女
		年齢	歳
ご住所	□□□-□□□□ TEL ( )		
E-mail			
ご職業	1. 会社経営者・役員 2. 会社員 3. 教員 4. 公務員 5. 自営業 6. 自由業 7. 学生 8. 主婦 9. 無職 10. 公認会計士 11. 税理士 12. 行政書士 13. 弁護士 14. 社労士 15. その他 ( )		
ご勤務先・学校名			
部署		役職	

ご記入の感想等は，匿名で書籍のＰＲ等に使用させていただくことがございます。
使用許可をいただけない場合は，右の□内にレをご記入ください。 □許可しない

ご購入ありがとうございました。ぜひ、ご意見・ご感想などをお聞かせください。
また、正誤表やリコール情報等をお送りさせて頂く場合もございますので、
E-mail アドレスとご購入書名をご記入ください。

この本のタイトル	

Q1　お買い上げ日　　　　年　　月　　日

ご購入方法　1．書店·ネット書店で購入（書店名　　　　　　　　　　）
　　　　　　2．当社から直接購入　　3．その他（　　　　　　　　　）

Q2　本書のご購入になった動機はなんですか？（複数回答可）

1．タイトルにひかれたから　　2．内容にひかれたから
3．店頭で目立っていたから　　4．著者のファンだから
5．新聞・雑誌で紹介されていたから（誌名　　　　　　　　）
6．人から薦められたから　　7．その他（　　　　　　　　）

Q3　本書をお読み頂いてのご意見・ご感想をお聞かせください。

Q4　ご興味のある分野をお聞かせください。

1．税務　　2．会計・経理　　3．経営・マーケティング
4．経済・金融　　5．株式・資産運用　　6．法律・法務
7．情報·コンピュータ　　8．その他（　　　　　　　　）

Q5　カバーやデザイン、値段についてお聞かせください

①タイトル	1良い	2目立つ	3普通	4悪い
②カバーデザイン	1良い	2目立つ	3普通	4悪い
③本文レイアウト	1良い	2目立つ	3普通	4悪い
④値段	1安い	2普通	3高い	

Q6　今後、どのようなテーマ・内容の本をお読みになりたいですか？

ご回答いただいた情報は、弊社発売の刊行物やサービスのご案内と今後の出版企画立案の参考のみに使用し、他のいかなる目的にも利用いたしません。なお、皆様より頂いた個人情報は、弊社のプライバシーポリシーに則り細心の注意を払い管理し、第三者への提供、開示等は一切いたしません。

(4)　評価会社の事業が1つの大分類の業種目中の2以上の類似しない中分類の業種目に属し，それらの業種目別の割合の合計が50%を超える場合

2以上の類似しない中分類の業種目が属するその大分類の業種目となります。

○　評価会社の業種目と業種目別の割合

業　種　目	業種目別の割合
専門サービス業	45%
広　　告　　業	35%
物品賃貸業	20%

○　類似業種比準価額計算上の業種目

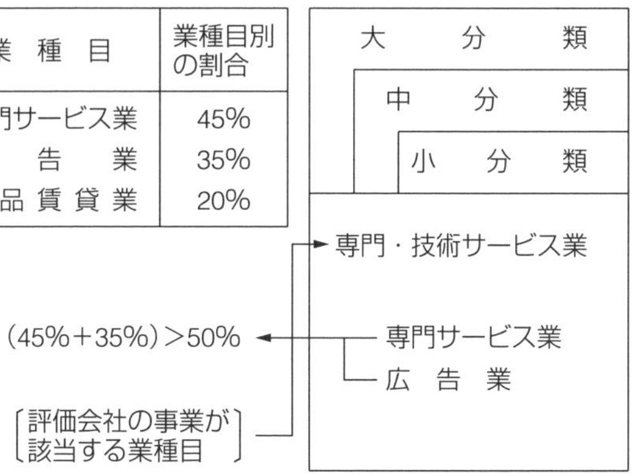

(1) ～ **(4)** のいずれにも該当しない場合には，大分類の業種目の中の「113 その他の産業」に分類されます。なお，医療法人の業種目は「その他の産業」となります。

日本標準産業分類の分類項目と類似業種比準価額計算上の業種目との対比表は35頁を参照してください。

ヒヤリハット事例⑮

1つの大分類の中の中分類と小分類で50%を超える場合に，その大分類を評価会社の業種目としてしまった。

評価会社が複数の事業を兼業している場合の業種目の判定については，評基通181-2（1）～（4）によることとされており，そのいずれにも該当しない場

合には，大分類の業種目の中の「その他の産業」によることとされています（同通達（5））。

この評基通 181-2（1）～（4）では，取引金額の割合が，1 つの中分類の業種目中の 2 以上の小分類で 50%を超える場合や，1 つの大分類の業種目中の 2 以上の中分類で 50%を超える場合については規定されていますが，例えば，1 つの大分類の業種目中の小分類と中分類の合計で取引金額の割合の 50%を超える場合などは，同通達の規定に当てはまらないため，大分類の業種目の中の「113 その他の産業」となります。

評価会社が，複数の中分類と小分類の業種目を兼業しているような場合には，評基通 181-2（1）～（4）に該当するか確認してミスを防ぎましょう。

【事例】

A 社の直前期末以前 1 年間の取引金額の割合は以下のとおりである

産業機械器具卸売業（小分類）・・・35%

その他の卸売業（中分類）・・・35%

飲食料品小売業（中分類）・・・30%

類似業種比準価額計算上の業種目 大分類	中分類	小分類	番号	規模区分を判定する場合の業種
（卸売業）				卸売業
	繊維・衣服等卸売業		67	
	飲食料品卸売業		68	
		農畜産物・水産物卸売業	69	
		食料・飲料卸売業	70	
	建築材料，鉱物・金属材料等卸売業		71	
		その他の建築材料，鉱物・金属材料等卸売業	73	
		化学製品卸売業	72	
		その他の建築材料，鉱物・金属材料等卸売業	73	
	機械器具卸売業		74	
		産業機械器具卸売業	75	
		その他の機械器具卸売業	77	
		電気機械器具卸売業	76	
		その他の機械器具卸売業	77	
	その他の卸売業		78	
小売業			79	小売・サービス業
	各種商品小売業		80	
	織物・衣服・身の回り品小売業		81	
	飲食料品小売業		82	

「産業機械器具卸売業」と「その他の卸売業」で50%を超えていた（35%＋35%＝70%）ことから，それぞれの業種目が属する大分類の業種目である「卸売業」と判定して評価を行ってしまった。しかし，1つの中分類の業種目中の2以上の小分類で50%を超える場合や，1つの大分類の業種目中の2以上の中分類で50%を超える場合に該当しないため，正しくは，「その他の産業」として評価すべきであった。

誤

類似業種と業種目番号	卸売業（No. 65）		
類似業種の株価	課税時期の属する月	月	㋷ 円
	課税時期の属する月の前月	月	㋦ 円
	課税時期の属する月の前々月	月	㋸ 円
	前年平均株価		㋾ 円
	課税時期の属する月以前2年間の平均株価		㋻ 円
	A（㋷、㋦、㋸、㋾及び㋻のうち最も低いもの）		⑳ 円

正

類似業種と業種目番号	その他の産業（No. 113）		
類似業種の株価	課税時期の属する月	月	㋷ 円
	課税時期の属する月の前月	月	㋦ 円
	課税時期の属する月の前々月	月	㋸ 円
	前年平均株価		㋾ 円
	課税時期の属する月以前2年間の平均株価		㋻ 円
	A（㋷、㋦、㋸、㋾及び㋻のうち最も低いもの）		⑳ 円

4 B・C・Dの抽出

Aの「類似業種の株価」と同様に,「類似業種比準価額計算上の業種目及び業種目別株価等について（法令解釈通達）」で定められていますので，Aの確認と同じタイミングで数値を拾い出すとよいでしょう。

［例　評価会社が「1 建設業」に該当する場合］

別紙

類似業種比準価額計算上の業種目及び業種目別株価等(令和3年分)

(単位:円)

業種目（大分類／中分類／小分類）	番号	内容	B 配当金額	C 利益金額	D 簿価純資産価額	A（株価） 令和2年平均	2年11月分	2年12月分
建設業	1		***6.9***	***45***	***357***	***275***	***294***	***296***
総合工事業	2		5.9	42	315	230	250	249

B＝6.9
C＝45
D＝357

類似業種の株価A及びB，C，Dについては明細書の以下の部分に記載します。

［業種目が小分類の電気工事業に該当，課税時期が令和３年８月１日の会社の場合］

３．類似業種比準価額の計算

1株（50円）当たりの比準価額の計算

類似業種と業種目番号	電気工事業（No. 7）		
類似業種の株価	課税時期の属する月	8月	㋷ 312円
	課税時期の属する月の前月	7月	㋦ 314円
	課税時期の属する月の前々月	6月	㋸ 313円
	前年平均株価		㋾ 305円
	課税時期の属する月以前2年間の平均株価		㋻ 310円
	A（㋷、㋦、㋸、㋾及び㋻のうち最も低いもの）		⑳ 305円

比準割合の計算 区分	1株（50円）当たりの年配当金額	1株（50円）当たりの年利益金額	1株（50円）当たりの純資産価額	1株（50円）当たりの比準価額
評価会社	Ⓑ 円 0銭	Ⓒ 円	Ⓓ 円	⑳ × ㉑ × 0.7 ※ ※（中会社は0.6 小会社は0.5 とします。）
類似業種	B 7円 30 0銭	C 49円	D 486円	
要素別比準割合	Ⓑ/B .	Ⓒ/C .	Ⓓ/D .	
比準割合	$\frac{Ⓑ/B + Ⓒ/C + Ⓓ/D}{3}$ = ㉑ .			㉒ 円 0銭

類似業種と業種目番号	設備工事業（No. 6）		
類似業種の株価	課税時期の属する月	8月	㋕ 405円
	課税時期の属する月の前月	7月	㋵ 411円
	課税時期の属する月の前々月	6月	㋟ 406円
	前年平均株価		㋹ 360円
	課税時期の属する月以前2年間の平均株価		㋞ 373円
	A（㋕、㋵、㋟、㋹及び㋞のうち最も低いもの）		㉓ 360円

比準割合の計算 区分	1株（50円）当たりの年配当金額	1株（50円）当たりの年利益金額	1株（50円）当たりの純資産価額	1株（50円）当たりの比準価額
評価会社	Ⓑ 円 0銭	Ⓒ 円	Ⓓ 円	㉓ × ㉔ × 0.7 ※ ※（中会社は0.6 小会社は0.5 とします。）
類似業種	B 9円 10 0銭	C 58円	D 457円	
要素別比準割合	Ⓑ/B .	Ⓒ/C .	Ⓓ/D .	
比準割合	$\frac{Ⓑ/B + Ⓒ/C + Ⓓ/D}{3}$ = ㉔ .			㉕ 円 0銭

1株当たりの比準価額	比準価額（㉒と㉕とのいずれか低い方） 円 0銭 × ④の金額 円 / 50円	㉖ 円

（※） Ａ及びＢ，Ｃ，Ｄの数値については，80～81頁の「類似業種比準価額計算上の業種目及び業種目別株価等（令和３年分）」を参照のこと。

5　《B》…評価会社の1株当たりの配当金額の記載方法

直前期末以前2年間におけるその会社の剰余金の配当金額の合計額の2分の1に相当する金額を，直前期末における発行済株式数で除して計算した金額（10銭未満切捨て）となります（評基通183（1））。配当金額については，決算書の個別注記表や，株主資本等変動計算書から金額を拾い出します。

なお，特別配当，記念配当等の名称による配当金額のうち，将来毎期継続することが予想できない配当については配当金額に含まれないものとして取り扱われます。その配当につき，将来毎期継続することが予想できない配当であるか否かは，会社の作成する議事録や個別注記表，ヒアリング等から判断することとなります。

［1株当たりの配当金額の計算式］

$$\frac{\text{直前期末以前2年間における配当金額÷2}}{\text{直前期末における発行済株式数}^{(※)}}$$

（※）　直前期末における資本金等の額÷50円

上記の（※）で直前期末における発行済株式数を「直前期末の資本金等の額÷50円」として計算する理由は，比較対象となる類似業種の上場会社の1株当たりの配当金額が，1株当たりの資本金等の額を50円とした場合の発行済株式数で計算されているため，その基準に合わせた上で配当金額を比較するためです。これは，1株当たりの利益金額及び，1株当たりの純資産価額の計算についても同様となります。

この1株当たりの資本金等の額を50円とした場合の発行済株式数は明細書の

上部に記載します。

[資本金等の額 30,000 千円，発行済株式数 1,000 株の会社の場合]

<table>
<tr><td rowspan="2">1．1株当たりの資本金
等の額等の計算</td><td>直前期末の資本
金等の額</td><td>直前期末の
発行済株式数</td><td>直前期末の
自己株式数</td><td>1株当たりの資本金等の額
(①÷（②−③）)</td><td>1株当たりの資本金等の額を50円とした場合の発行済株式数
(①÷50円)</td></tr>
<tr><td>① 30,000 千円</td><td>② 1,000 株</td><td>③ 株</td><td>④ 30,000 円</td><td>⑤ 600,000 株</td></tr>
</table>

また，評価会社の1株当たりの配当金額については明細書の以下の部分に記載します。

[直前期の配当が 10,000 千円（うち記念配当が 4,000 千円），直前々期及び直前々期の前期の配当が 5,000 千円の会社の場合（資本金等の額や発行済株式数は上記の設例と同じ）]

<table>
<tr><td rowspan="5">1株(50円)当たりの年配当金額</td><td colspan="5">直前期末以前2（3）年間の年平均配当金額</td><td colspan="3">比準要素数1の会社・比準要素数0の会社の判定要素の金額</td></tr>
<tr><td>事業年度</td><td>⑥ 年配当金額</td><td>⑦ 左のうち非経常的な配当金額</td><td>⑧ 差引経常的な年配当金額(⑥−⑦)</td><td>年平均配当金額</td><td>⑨/⑤</td><td>Ⓑ₁ 9 円</td><td>1 0 銭</td></tr>
<tr><td>直前期</td><td>10,000 千円</td><td>4,000 千円</td><td>㋑ 6,000 千円</td><td rowspan="2">⑨(㋑+㋺) ÷2 5,500 千円</td><td>⑩/⑤</td><td>Ⓑ₂ 8 円</td><td>3 0 銭</td></tr>
<tr><td>直前々期</td><td>5,000 千円</td><td>0 千円</td><td>㋺ 5,000 千円</td><td colspan="3">1株(50円)当たりの年配当金額
(Ⓑ₁の金額)</td></tr>
<tr><td>直前々期の前期</td><td>5,000 千円</td><td>0 千円</td><td>㋩ 5,000 千円</td><td>⑩(㋺+㋩) ÷2 5,000 千円</td><td colspan="2">Ⓑ 9 円</td><td>10 銭</td></tr>
</table>

(1) 資本金等の額がマイナスの場合

資本金等の額は，組織再編や自己株式の取得を行っていると，差引合計額が，マイナスとなる場合があり得ます。したがって，法人税申告書別表五（一）が下記のようになる場合も想定されます。

Ⅱ 資本金等の額の計算に関する明細書

<table>
<tr><td rowspan="3" colspan="2">区分</td><td rowspan="2">期首現在
資本金等の額</td><td colspan="2">当期の増減</td><td rowspan="2">差引翌期首現在
資本金等の額
①−②+③</td></tr>
<tr><td>減</td><td>増</td></tr>
<tr><td>①</td><td>②</td><td>③</td><td>④</td></tr>
<tr><td>資本金又は出資金</td><td>32</td><td>円</td><td>円</td><td>円</td><td>円</td></tr>
<tr><td>資本準備金</td><td>33</td><td></td><td></td><td></td><td></td></tr>
<tr><td></td><td>34</td><td></td><td></td><td></td><td></td></tr>
<tr><td></td><td>35</td><td></td><td></td><td></td><td></td></tr>
<tr><td>差引合計額</td><td>36</td><td></td><td></td><td></td><td>△15,000,000</td></tr>
</table>

その場合でも，最終的にマイナス同士の掛け算となり，プラスの数値が得られるので，マイナスのままこの明細書を記載することになります。

ヒヤリハット事例⑯

自己株式の取得により発生したみなし配当を配当金額に含めて計算してしまった。

自己株式を取得することにより，その株式を譲渡した株主に法人税法 24 条または所得税法 25 条の規定により配当等とみなされる部分（みなし配当）の金額が生じることがあります。みなし配当の金額は，会社法上の剰余金の配当金額には該当せず，また，配当金額から除くこととされている将来毎期継続することが予想できない金額に該当すると考えられるため，「1 株当たりの配当金額」の計算上，配当金額に含める必要はありません。

法人税申告書別表四の「社外流出」における配当欄には，みなし配当の金額が含まれている可能性があるため，個別注記表や株主資本等変動計算書から配当金額を確認してミスを防ぎましょう。

【事例】

A 社は直前期中に，剰余金の配当を 1,000,000 円行っている。

また，直前期中に自己株式の取得を行っており，この自己株式の取得によりみなし配当が 500,000 円生じた。

直前期の法人税申告書別表四の配当欄には剰余金の配当と，自己株式の取得によるみなし配当の合計 1,500,000 円の記載があった。

所得の金額の計算に関する明細書　事業年度 · · / · ·　法人名

区分		総額	処分		
			留保	社外流出	
		①	②	③	
当期利益又は当期欠損の額	1	円	円	配当	1,500,000 円
				その他	

1 株当たりの配当金額の計算において，別表四の配当欄に記載の 1,500,000 円を使用したが，正しくは 1,000,000 円として計算すべきであった。

誤

事業年度	⑥ 年配当金額	⑦ 左のうち非経常的な配当金額	⑧ 差引経常的な年配当金額(⑥−⑦)
直前期	1,500 千円	千円	㋑ 1,500 千円

正

事業年度	⑥ 年配当金額	⑦ 左のうち非経常的な配当金額	⑧ 差引経常的な年配当金額(⑥−⑦)
直前期	1,000 千円	千円	㋑ 1,000 千円

ヒヤリハット事例⑰

配当優先株式について普通株式の配当金額で1株当たりの配当金額を計算してしまった。

配当について優先・劣後のある株式を発行している会社の株式を，類似業種比準方式により評価する場合には，株式の種類ごとにその株式に係る配当金によって評価する必要があります。

株式を評価する際には，必ず登記事項証明書を取得し，評価会社が種類株式を発行していないか確認することにより，ミスを防ぎましょう。

なお，例として，配当優先無議決権株式（A種類株式）を発行している会社の登記事項証明書の記載は以下のようになります。

発行可能種類株式総数及び発行する各種類の株式の内容	普通株式　１６万株 Ａ種類株式　２万株 １．剰余金の配当 　Ａ種類株式は、剰余金の配当について普通株式に優先する。当会社が剰余金を配当する場合には、金銭を配当するものとし、Ａ種類株式１株に対して普通株式１株に対する配当額の１．２倍の金銭を配当するものとする。 　当会社が、会社法の規定により剰余金の配当が出来ない場合には、Ａ種類株式についても、配当しないものとする。 １．議決権 　Ａ種類株式を有する株主は、株主総会において決議すべきすべての議案について議決権を有しないものとする。 １．種類株主総会の決議を要しない旨の定め 　当会社が会社法第３２２条第１項に規定する行為をする場合においては、Ａ種類株式の株主に損害を及ぼすおそれがあるときであっても、当該種類株主総会の決議を要しない。 令和　２年　９月１６日変更　　令和　２年　９月１７日登記

【事例】

A 社の状況は以下のとおりである。

① 発行済株式数 6,000 株

内 配当優先株式 2,000 株

普通株式 4,000 株

② 資本金等の額 30,000 千円

③ 1 株当たりの資本金等の額 5,000 円（30,000 千円÷6,000 株）

④ 1 株当たりの資本金等の額を 50 円とした場合の発行済株式数 600,000 株（30,000 千円÷50 円）

⑤ 年配当金額

直前期 配当優先株式 2,000 千円

普通株式 1,000 千円

直前々期 配当優先株式 3,000 千円

普通株式 1,500 千円

上記の場合に配当優先株式の存在に気づかず，種類株式を区分せずに計算してしまった。

（3,000 千円＋4,500 千円）÷2÷600,000 株＝6 円 20 銭

正しくは，下記のとおり株式の種類ごとに分けて 1 株当たりの年配当金額を計算すべきであった。

（1）配当優先株式

（2,000 千円＋3,000 千円）÷2÷（600,000 株×2,000 株÷6,000 株）＝12 円 50 銭

（2）普通株式

（1,000 千円＋1,500 千円）÷2÷（600,000 株×4,000 株÷6,000 株）＝3 円 10 銭

なお「1 株当たりの利益金額」及び「1 株当たりの純資産価額」や，純資産価額方式（評価明細書第 5 表）については種類株式ごとに区分せず記載する。

誤

1株(50円)当たりの年配当金額	直前期末以前2(3)年間の年平均配当金額					比準要素数1の会社・比準要素数0の会社の判定要素の金額		
	事業年度	⑥ 年配当金額	⑦ 左のうち非経常的な配当金額	⑧ 差引経常的な年配当金額(⑥−⑦)	年平均配当金額	⑨/⑤	Ⓑ1 6 円	2 0 銭
	直前期	千円 3,000	千円 0	㋑ 千円 3,000	⑨(㋑+㋺)÷2 千円 3,750	⑩/⑤	Ⓑ2 0 円	0 銭
	直前々期	千円 4,500	千円 0	㋺ 千円 4,500		1株(50円)当たりの年配当金額(Ⓑ1の金額)		
	直前々期の前期	千円 0	千円 0	㋩ 千円 0	⑩(㋺+㋩)÷2 千円 0	Ⓑ	6 円	20 銭

正

＜配当優先株式＞

1株(50円)当たりの年配当金額	直前期末以前2(3)年間の年平均配当金額					比準要素数1の会社・比準要素数0の会社の判定要素の金額		
	事業年度	⑥ 年配当金額	⑦ 左のうち非経常的な配当金額	⑧ 差引経常的な年配当金額(⑥−⑦)	年平均配当金額	⑨/⑤	Ⓑ1 12 円	5 0 銭
	直前期	千円 2,000	千円 0	㋑ 千円 2,000	⑨(㋑+㋺)÷2 千円 2,500	⑩/⑤	Ⓑ2 0 円	0 銭
	直前々期	千円 3,000	千円 0	㋺ 千円 3,000		1株(50円)当たりの年配当金額(Ⓑ1の金額)		
	直前々期の前期	千円 0	千円 0	㋩ 千円 0	⑩(㋺+㋩)÷2 千円 0	Ⓑ	12 円	50 銭

＜普通株式＞

1株(50円)当たりの年配当金額	直前期末以前2(3)年間の年平均配当金額					比準要素数1の会社・比準要素数0の会社の判定要素の金額		
	事業年度	⑥ 年配当金額	⑦ 左のうち非経常的な配当金額	⑧ 差引経常的な年配当金額(⑥−⑦)	年平均配当金額	⑨/⑤	Ⓑ1 3 円	1 0 銭
	直前期	千円 1,000	千円 0	㋑ 千円 1,000	⑨(㋑+㋺)÷2 千円 2,500	⑩/⑤	Ⓑ2 0 円	0 銭
	直前々期	千円 1,500	千円 0	㋺ 千円 1,500		1株(50円)当たりの年配当金額(Ⓑ1の金額)		
	直前々期の前期	千円 0	千円 0	㋩ 千円 0	⑩(㋺+㋩)÷2 千円 0	Ⓑ	3 円	10 銭

6 《C》…評価会社の１株当たりの利益金額の記載方法

直前期末以前１年間における法人税の課税所得金額（非経常的な利益金額を除く）に，その所得の計算上益金に算入されなかった剰余金の配当（資本金等の額の減少によるものを除く）等の金額（所得税額に相当する金額を除く）及び損金に算入された繰越欠損金の控除額を加算した金額を，直前期末における発行済株式数で除して計算した金額（円未満切捨て）となります（評基通183(2)）。

ただし，納税義務者の選択により，直前期末以前２年間の各事業年度について，上記に準じて計算した金額の合計額（その合計額がマイナスの時は，ゼロとする）の２分の１に相当する金額を，直前期末における発行済株式数で除して計算した金額（円未満切捨て）とすることができます。これは，直前期末以前１年間の課税所得がたまたま多額であった場合等の評価の安全性を考慮するためです。

よって，下記の計算式のいずれか低い金額を，評価会社の１株当たりの利益金額とすることができます。

［1株当たりの利益金額の計算式］

① $\dfrac{\text{直前期末以前1年間における利益金額}}{\text{直前期末における発行済株式数}^{(※)}}$

② $\dfrac{\text{直前期末以前2年間における利益金額の合計額} \div 2}{\text{直前期末における発行済株式数}^{(※)}}$

（※）　直前期末における資本金等の額÷50円

(1)　利益金額の具体的な計算方法

利益金額については以下の計算式により算出します。

①法人税の課税所得金額－②非経常的な利益金額＋（③受取配当等の益金不算入額－④③の所得税額）＋⑤損金に算入された繰越欠損金の控除額

①　法人税の課税所得金額

利益金額の計算の基礎となる数値です。法人税申告書別表四の最終値である所得金額または欠損金額の金額を記載します。欠損金額が発生し，この数値がマイナスの場合にはマイナスの金額を記載します。

②　非経常的な利益金額

非経常的な利益金額は課税所得金額からマイナスすることになっています。これは，評価会社本来の経常的な収益力ベースで類似業種の上場会社と比較を行うという趣旨があるためです。

この場合の非経常的な利益金額は，非経常的な損失の金額を控除した金額であり，マイナスの場合はゼロ円とします。したがって，生命保険差益や固定資産売却益と，固定資産売却損や固定資産除却損が同一の事業年度にある場合には，それらの損金額は生命保険の差益や固定資産売却益等の非経常的な利益の金額から控除されます。

非経常的な利益に該当するかどうかは，評価会社の事業の内容，その利益の発生要因や反復継続性などを考慮し，個別に判定することになります。また，種類の異なる非経常的な損益（保険差益と固定資産売却損など）がある場合であっても，これらを通算し，非経常的な利益金額を算出します。

評価明細書への記載にあたっては，法人税の申書告や決算書，勘定科目内訳書を数年分確認し，取引内容等を総合的に勘案して，その損益の経常性を検討することになります。なお，中小企業は，営業外・特別損益を意識せずに会計処理を行っている場合もあるため，実務上は「営業外損益」や「販管費」に，非経常的な損益の金額が含まれていないかもチェックします。

③　受取配当等の益金不算入額

受取配当金は，経常的な収益力の算定の基礎となるものと考えられることから，受取配当等の益金不算入がなかったものとして課税所得金額にプラスすることになります。

法人税申告書別表四の「受取配当等の益金不算入額」の金額を記載します。外国子会社等から配当金を受け取っている場合には，「外国子会社から受ける剰余金の配当等の益金不算入額」の金額も含めます。また，みなし配当については臨時偶発的なものと考えられるため，非経常的な利益と同様に取り扱うことが相当であり，ここでは記載しません。

④　受取配当等の益金不算入額に係る所得税額

受取配当等の益金不算入額に係る所得税額の控除については，なかったものとして受取配当等の益金不算入額から控除します。

法人税申告書別表六（一）の12欄及び19欄から受取配当等の益金不算入の対象となった配当等に係る所得税額を確認し，その金額を記載します。なお，外国子会社からの配当等で益金不算入となった金額がある場合には，法人税申告書別表六（二の二）をもとに外国法人税額を確認します。

⑤　損金に算入された繰越欠損金の控除額

繰越欠損金控除後の金額では，その対象事業年度の評価会社本来の経常的な収益力を反映できないことから，損金に算入された繰越欠損金の控除額をプラスします。具体的には，法人税申告書別表四の「欠損金又は災害損失金等の当期控除額」の金額を記載します。

1株当たりの利益金額は明細書の以下の部分に記載します。

[直前期課税所得 100,000 千円，非経常的な利益金額 5,000 千円，受取配当等の益金不算入額 100 千円，所得税額 20 千円，直前々期及び直前々期の前期課税所得 0 円，繰越欠損金の控除額 20,000 千円で，⑤の株数が 600,000 株の会社の場合]

<table>
<tr><td rowspan="5">1株（50円）当たりの年利益金額</td><td colspan="7">直前期末以前2（3）年間の利益金額</td><td colspan="2">比準要素数1の会社・比準要素数0の会社の判定要素の金額</td></tr>
<tr><td>事業年度</td><td>⑪法人税の課税所得金額</td><td>⑫非経常的な利益金額</td><td>⑬受取配当等の益金不算入額</td><td>⑭左の所得税額</td><td>⑮損金算入した繰越欠損金の控除額</td><td>⑯差引利益金額（⑪－⑫＋⑬－⑭＋⑮）</td><td>㋥/⑤ 又は ~~(㋥＋㋭)÷2/⑤~~</td><td>ⓒ1 158 円</td></tr>
<tr><td>直前期</td><td>千円
100,000</td><td>千円
5,000</td><td>千円
100</td><td>千円
20</td><td>千円
0</td><td>㋥ 千円
95,080</td><td>㋭/⑤ 又は ~~(㋭＋㋬)÷2/⑤~~</td><td>ⓒ2 33 円</td></tr>
<tr><td>直前々期</td><td>千円
0</td><td>千円
0</td><td>千円
0</td><td>千円
0</td><td>千円
20,000</td><td>㋭ 千円
20,000</td><td colspan="2" rowspan="1">1株（50円）当たりの年利益金額
〔~~㋥/⑤ 又は~~ (㋥＋㋭)÷2/⑤ の金額〕</td></tr>
<tr><td>直前々期の前期</td><td>千円
0</td><td>千円
0</td><td>千円
0</td><td>千円
0</td><td>千円
20,000</td><td>㋬ 千円
20,000</td><td colspan="2">ⓒ 95 円</td></tr>
</table>

(2) 比準要素の端数処理

1株当たりの利益金額の計算は円未満切捨てなので，資本金等の額が大きく利益が少額である会社の場合には，端数処理の結果ゼロ円となる場合があります。例えば，資本金等の額が10億円の会社は，「1株当たりの資本金等の額を50円とした場合の発行済株式数」が2,000万株となりますので，利益金額が2,000万円を下回るときは，「1株当たりの利益金額」が円単位未満を切捨てするとゼロ円となってしまいます。

よって，簿価純資産がプラスで経常的に無配当であるような会社の場合において（純資産価額の要素はプラスだが，配当金額の要素はゼロ），「比準要素数1の会社」に該当しないように利益を出したつもりが，端数処理によって利益金額に係る比準要素がゼロ円となることがあるので，特に資本金等の額が大きい会社においては注意が必要です。それぞれの比準要素の端数処理は以下のとおりです。

比準要素	端数処理
1株当たりの配当金額	10銭未満切捨て
1株当たりの利益金額	円未満切捨て
1株当たりの純資産価額	円未満切捨て

ヒヤリハット事例⑱

直前期に事業年度変更をしている場合に，利益金額を事業年度ベースで計算してしまった。

1株当たりの利益金額について，直前期末以前1年間の期間中に事業年度を変更している場合は，会社規模区分の判定における取引金額の計算と同様に，事業年度の変更の有無にかかわらず，課税時期の直前期末以前1年間の利益金額を算出することになります（直前期末以前2年間の利益金額を選択する場合も同様です）。

直前期の事業年度が1年未満の場合には，直前期末以前1年間の期間が直前々期に食い込むことになります。

この場合の直前々期の分の利益金額の計算方法は，評価会社の営む事業について季節による利益変動が激しいなど課税上弊害のある場合を除き，直前々期の事業年度の利益金額を月割計算で算出することが合理的と考えられます。

よって，直前期に事業年度を変更している場合に，直前期の事業年度の利益金額をそのまま計上するとミスにつながることがあります。決算書等で事業年度が1年になっているか確認することによってミスを防ぎましょう。

【事例】

A社は，直前期に事業年度を以下のように変更している。

なお，それぞれの事業年度の利益金額（非経常的な利益金額等の調整はないと仮定）は下記のとおりとなっている。

直前期　5,000千円

直前々期　12,000千円

直前々期の前期　20,000千円

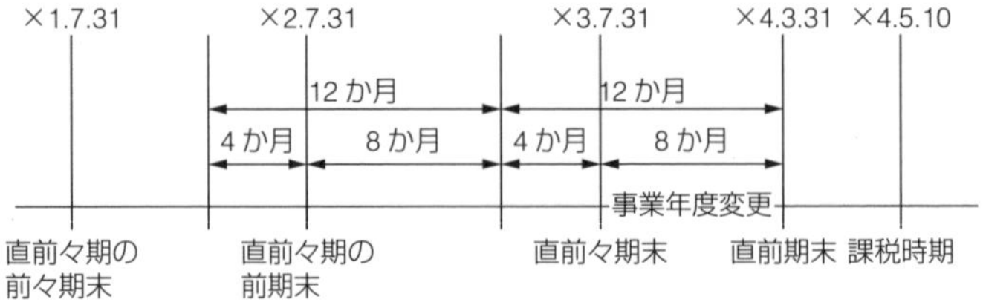

上記の場合に，直前期末以前１年間の利益金額により計算する際に，直前期の利益金額をそのまま使用してしまったが，正しくは，「5,000千円＋12,000千円×4か月/12か月＝9,000千円」とすべきであった。

誤

⑯差引利益金額
（⑪－⑫＋⑬
－⑭＋⑮）
㊁ 千円
5,000

正

⑯差引利益金額
（⑪－⑫＋⑬
－⑭＋⑮）
㊁ 千円
9,000

ヒヤリハット事例⑲

「非経常的な利益金額」の算定にあたり，計算結果のとおりマイナスの金額を記載してしまった。

「非経常的な利益金額」は，固定資産売却益・保険差益等の非経常的な利益の金額を課税所得金額から控除するものとされており，この算定に際しては，非経常的な損失の金額を控除することとなっています。

非経常的な損失の金額が，非経常的な利益金額を上回る場合には，計算の結果マイナスの数値になってしまいます。この場合，あくまで「非経常的な利益金額」を求めることになっているので，控除後の数値がマイナスとなる場合にはゼロ円とするものとされています。よって，計算の結果をそのまま転記するとミスにつながることがあります。

非経常的な利益金額の算定は Excel 等で計算をすることが実務上多いので，その場合には数値がマイナスにならないよう数式を組むことによってミスを防ぎましょう。

【事例】

A 社の直前期の非経常的な利益と損失は以下のとおりである。

・固定資産譲渡益（土地の譲渡益）……10,000 千円

・固定資産除却損失（倉庫の取壊しによる除却損）……5,000 千円

・保険差益（生命保険の解約返戻金と保険積立金との差額）……12,000 千円

・子会社株式譲渡損失（子会社を M&A で売却した際の損失）……20,000 千円

計算の結果，「10,000 千円－5,000 千円＋12,000 千円－20,000 千円＝△ 3,000 千円」となり，「非経常的な利益金額」の欄に△ 3,000 千円と記載してしまったが，正しくは 0 千円と記載すべきであった。

誤

事業年度	⑪法人税の課税所得金額	⑫非経常的な利益金額	⑬受取配当等の益金不算入額	⑭左の所得税額	⑮損金算入した繰越欠損金の控除額	⑯差引利益金額（⑪－⑫＋⑬－⑭＋⑮）
直前期	千円	千円 △3,000	千円	千円	千円	㊁ 千円

正

事業年度	⑪法人税の課税所得金額	⑫非経常的な利益金額	⑬受取配当等の益金不算入額	⑭左の所得税額	⑮損金算入した繰越欠損金の控除額	⑯差引利益金額（⑪－⑫＋⑬－⑭＋⑮）
直前期	千円	千円 0	千円	千円	千円	㊁ 千円

ヒヤリハット事例⑳

受取配当等の益金不算入額よりも所得税額が多い場合に，「左の所得税額」欄にそのまま転記してしまった。

類似業種比準価額計算上の１株当たりの利益金額の計算に際しては，法人税の課税所得金額に，「受取配当等の益金不算入額」及び「左の所得税額」を加減算します。この場合の所得税額は，益金不算入額に対応する金額を計上することになるため，「所得税額＞益金不算入額」となる場合には益金不算入額が限度額となります。

よって，法人税申告書の別表より，「受取配当等の益金不算入額」及び「左の所得税額」をそのまま転記するとミスにつながることがあります。法人税申告書別表六（一）及び別表八において受取配当等とその所得税額の対応関係をよく確認してミスを防ぎましょう。

【事例】

A 社の直前期の受取配当金及びその所得税額は以下のとおりである。

①	受取配当等の益金不算入額の対象となる受取配当金（関連法人株式）	10,000 千円
②	受取配当等の益金不算入額計算上の負債利子控除の金額	8,500 千円
③	受取配当等の益金不算入額（①－②）	1,500 千円
④	①に係る所得税額（20.42%）	2,042 千円

法人税の課税所得金額は 5,000 千円

⑭「左の所得税額」について，2,042 千円と記載してしまったが，所得税額が受取配当等の益金不算入額を超えているため（2,042 千円＞1,500 千円），正しくは 1,500 千円と記載すべきであった。

誤

事業年度	⑪法人税の課税所得金額	⑫非経常的な利益金額	⑬受取配当等の益金不算入額	⑭左の所得税額	⑮損金算入した繰越欠損金の控除額	⑯差引利益金額（⑪−⑫＋⑬−⑭＋⑮）
直前期	千円 5,000	千円	千円 1,500	千円 2,042	千円	㊁ 千円 4,458

正

事業年度	⑪法人税の課税所得金額	⑫非経常的な利益金額	⑬受取配当等の益金不算入額	⑭左の所得税額	⑮損金算入した繰越欠損金の控除額	⑯差引利益金額（⑪−⑫＋⑬−⑭＋⑮）
直前期	千円 5,000	千円	千円 1,500	千円 1,500	千円	㊁ 千円 5,000

7　《D》…評価会社の１株当たりの純資産価額（帳簿価額によって計算した金額）の記載方法

直前期末における資本金等の額及び利益積立金額の合計額を直前期末における発行済株式数で除して計算した金額（円未満切捨て）となります（評基通183（3））。

１株当たりの配当金額や利益金額の計算とは異なり，類似業種比準価額の計算上は直前期の数値のみ使用します。

［1株当たりの純資産価額の計算式］

直前期末における純資産価額（※1）
―――――――――――――――――
直前期末における発行済株式数（※2）

（※1）　法人税法上の㋑資本金等の額及び㋺利益積立金額の合計額をいいます。
（※2）　直前期末における資本金等の額÷50円

直前期末における資本金等の額及び利益積立金額については，いずれも直前期の法人税申告書別表五（一）の数値を用います。具体的には以下の金額を記載します。

（1）　資本金等の額

直前期の法人税申告書別表五（一）「利益積立金額及び資本金等の額の計算に関する明細書」の「④差引翌期首現在資本金等の額」の「差引合計額」の金額を記載することになります。

Ⅱ　資本金等の額の計算に関する明細書					
区分		期首現在資本金等の額	当期の増減		差引翌期首現在資本金等の額 ①−②+③
			減	増	
		①	②	③	④
資本金又は出資金	32	10,000,000 円	円	円	10,000,000 円
資本準備金	33	5,000,000			5,000,000
	34				
	35				
差引合計額	36	15,000,000			15,000,000

(2) 利益積立金額

直前期の法人税申告書別表五（一）「利益積立金額及び資本金等の額の計算に関する明細書」の「④差引翌期首現在利益積立金額」の「差引合計額」の金額を記載することになります。

利益積立金額及び資本金等の額の計算に関する明細書	事業年度	・ ・ ・ ・	法人名	

Ⅰ　利益積立金額の計算に関する明細書						
区分			期首現在利益積立金額	当期の増減		差引翌期首現在利益積立金額 ①−②+③
				減	増	
			①	②	③	④
繰越損益金（損は赤）		26				
納税充当金		27				
未納法人税等（退職年金等積立金に対するものを除く。）	未納法人税及び未納地方法人税（附帯税を除く。）	28	△	△	中間 △ 確定 △	△
	未納道府県民税（均等割額を含む。）	29	△	△	中間 △ 確定 △	△
	未納市町村民税（均等割額を含む。）	30	△	△	中間 △ 確定 △	△
差引合計額		31	8,000,000	1,000,000	3,000,000	10,000,000

1株当たりの純資産価額は明細書の以下の部分に記載します。

[直前期末の資本金等の額 30,000 千円，利益積立金 10,000 千円，直前々期末の資本金等の額 30,000 千円，利益積立金額 8,000 千円で，⑤の株数が 600,000 株の会社の場合]

<table>
<tr><td rowspan="4">1株（50円）当たりの純資産価額</td><td colspan="4">直前期末（直前々期末）の純資産価額</td><td colspan="2">比準要素数1の会社・比準要素数0の会社の判定要素の金額</td></tr>
<tr><td>事業年度</td><td>⑰ 資本金等の額</td><td>⑱ 利益積立金額</td><td>⑲ 純資産価額
（⑰＋⑱）</td><td>㋣/⑤</td><td>Ⓓ1 66 円</td></tr>
<tr><td>直前期</td><td>30,000 千円</td><td>10,000 千円</td><td>㋣ 40,000 千円</td><td>㋠/⑤</td><td>Ⓓ2 63 円</td></tr>
<tr><td>直前々期</td><td>30,000 千円</td><td>8,000 千円</td><td>㋠ 38,000 千円</td><td colspan="2">1株（50円）当たりの純資産価額
（Ⓓ1の金額）
Ⓓ 66 円</td></tr>
</table>

8 類似業種比準価額の修正

類似業種比準方式は，直前期末を基準としているため，直前期末の翌日から課税時期までの間に配当金の交付の効力が発生した場合や株式の割当て等の効力が発生した場合には，それぞれ下記のとおり類似業種比準価額を修正をする必要があります（評基通 184)。

(1) 直前期末の翌日から課税時期までの間に配当金交付の効力が発生している場合

[配当落ちの修正]

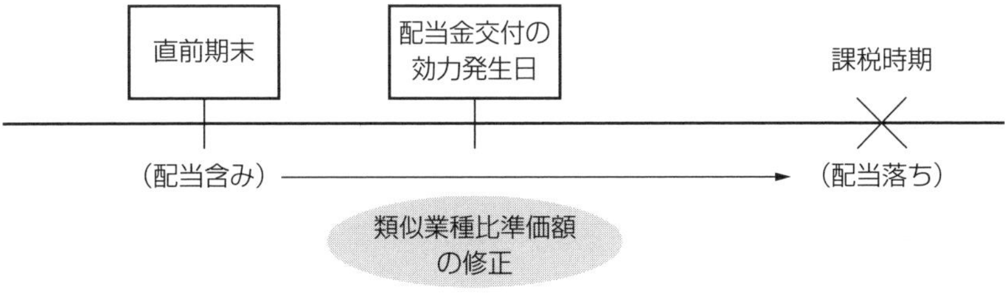

類似業種比準方式は直前期末の数値を用いることから，配当落ちを考慮されていないため修正が必要になります。

[修正価額]

1株当たりの類似業種比準価額－1株当たりの配当金額

(2) 直前期末の翌日から課税時期までの間に株式等の割当て等の効力が発生している場合

[権利落ちの修正]

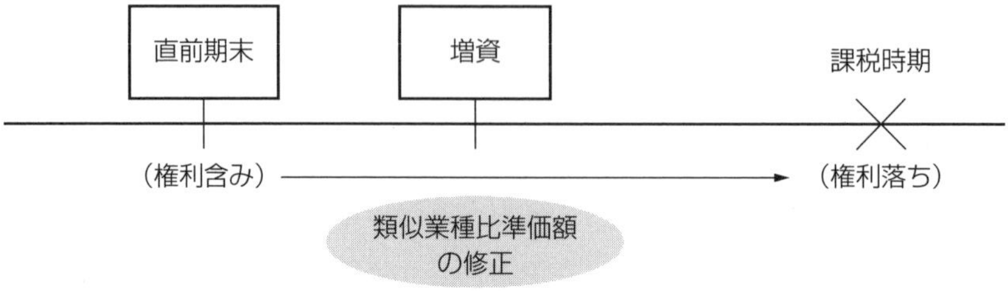

類似業種比準方式は直前期末の数値を用いることから，権利落ちを考慮されていないため修正が必要になります。

[修正価額]

$$\frac{\begin{array}{c}\text{1株当たりの}\\\text{類似業種比準価額}\end{array}+\begin{array}{c}\text{割当を受けた新株式}\\\text{1株当たりの払込金額}\end{array}\times\text{1株当たりの割当株式数}}{1+\text{1株当たりの割当株式数または交付株式数}}$$

(3) 第3表の「株式の価額の修正」との関係性

第3表の株式の価額の修正と，第4表の類似業種比準価額の修正については，課税時期によって使い分けをします。課税時期が類似業種比準価額及び純資産価額の両方で修正が必要である時期の場合には第3表で株式の価額の修正を行い，課税時期が類似業種比準価額の修正のみ必要である時期の場合には，第4表でのみ修正を行うことになります。

[第３表と第４表における価額の修正の関係性]

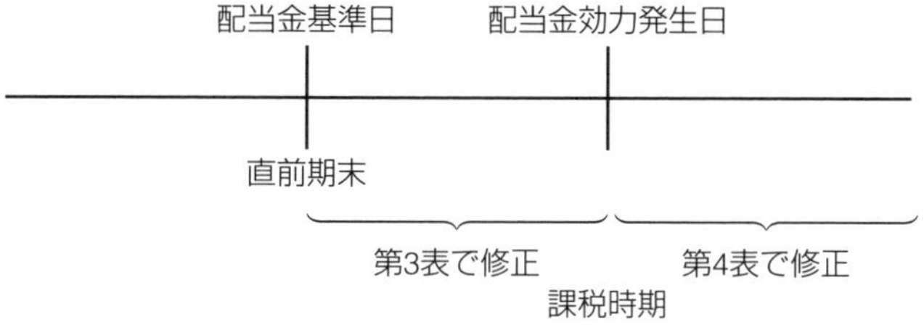

例えば配当落ちの修正の場合で，配当金効力発生日以降に課税時期がある場合には，純資産価額方式においては，未払いの配当金を負債の部に未払配当金として計上することから，類似業種比準価額の修正のみで事足りることになるので，第４表で修正を行うこととなります。

第7章

純資産価額の算定

第5表
1株当たりの純資産価額（相続税評価額）の計算明細書

（取引相場のない株式（出資）の評価明細書）

第5表　1株当たりの純資産価額（相続税評価額）の計算明細書

会社名

（平成三十年一月一日以降用）

1. 資産及び負債の金額（課税時期現在）

資産の部				負債の部			
科　目	相続税評価額	帳簿価額	備考	科　目	相続税評価額	帳簿価額	備考
	千円	千円			千円	千円	
合　計	①	②		合　計	③	④	
株式等の価額の合計額	㋑	㋺					
土地等の価額の合計額	㋩						
現物出資等受入れ資産の価額の合計額	㊁	㋭					

2. 評価差額に対する法人税額等相当額の計算

相続税評価額による純資産価額（①－③）	⑤	千円
帳簿価額による純資産価額（（②＋(㊁－㋭)－④）、マイナスの場合は0）	⑥	千円
評価差額に相当する金額（⑤－⑥、マイナスの場合は0）	⑦	千円
評価差額に対する法人税額等相当額（⑦×37%）	⑧	千円

3. 1株当たりの純資産価額の計算

課税時期現在の純資産価額（相続税評価額）（⑤－⑧）	⑨	千円
課税時期現在の発行済株式数（（第1表の1の①）－自己株式数）	⑩	株
課税時期現在の1株当たりの純資産価額（相続税評価額）（⑨÷⑩）	⑪	円
同族株主等の議決権割合（第1表の1の⑤の割合）が50% 以下の場合（⑪×80%）	⑫	円

1　純資産価額の算定方法

取引相場のない株式のうち小会社の株式は，原則として純資産価額方式により評価することとされています。これは，小会社とは事業規模が個人事業に近い小規模なものであり，個人事業との違いは事業に係る資産を，個人が直接的に保有しているか，会社の株式を通じて間接的に保有しているかという違いだけであるためです。

よって，このような小会社の評価については，会社の清算価値に着目した課税時期における1株当たりの純資産価額で評価することが合理的であると考えられます。

具体的な1株当たりの純資産価額（相続税評価額によって計算した金額）の算定方法は，課税時期における各資産を財産評価基本通達に定めるところにより評価した価額の合計額から，課税時期における各負債の金額の合計額及び評価差額に対する法人税額等に相当する金額を控除した金額を，課税時期における発行済株式数（自己株式を有している場合には，その自己株式の数を控除した株式数）で除して計算した金額となります（評基通185）。

[純資産価額方式の計算式]

$$\frac{\begin{matrix}\text{資産の合計額}\\\text{(相続税評価額)}\end{matrix}-\begin{matrix}\text{負債の}\\\text{合計額}\end{matrix}-\begin{matrix}\text{評価差額に対する}\\\text{法人税額等相当額}_{(\text{注1})}\end{matrix}}{\text{発行済株式数}}=\text{1株当たりの純資産価額}$$

（注1）　評価差額に対する法人税額等相当額

$$\left\{\left(\begin{matrix}\text{相続税評価額による}\\\text{資産の合計額}\end{matrix}-\begin{matrix}\text{負債の}\\\text{合計額}\end{matrix}\right)-\left(\begin{matrix}\text{帳簿価額による資産}\\\text{の合計額}\end{matrix}-\begin{matrix}\text{負債の}\\\text{合計額}\end{matrix}\right)\right\}\times 37\%$$

この第5表「1株当たりの純資産価額（相続税評価額）の計算明細書」では，

純資産価額方式の算式に基づき評価額を算定します。

2 評価時点

(1) 原則（仮決算方式）

課税時期とは，相続等または贈与があった日を指すので，相続等の場合には相続開始時点，贈与の場合には贈与時点において仮決算をしたものとして，各資産の相続税評価額を計上することとなります。

(2) 簡便的な方法（直前期末方式）

評価会社が課税時期において仮決算を行っていないため，課税時期における資産及び負債の金額が明確でないという場合において，直前期末から課税時期までの間に，その会社の資産及び負債について，著しく増減がないため評価額の計算に影響が少ないと認められる場合には，直前期末時点の資産及び負債に基づき相続税評価額を計算することも認められています。

仮決算方式と直前期末方式の比較は以下のとおりですが，実務上は，直前期末方式により評価することがほとんどです。

［仮決算方式と直前期末方式の比較］

	仮決算方式	直前期末方式
帳簿価額	課税時期の資産及び負債の帳簿価額で計算	直前期末の資産及び負債の帳簿価額で計算
相続税評価額	課税時期の資産及び負債を対象として，課税時期に適用される評価通達を適用して計算	直前期末の資産及び負債を対象として，課税時期に適用される評価通達を適用して計算

直前期末方式を採用した場合には，直前期末時点の資産及び負債を「帳簿価額」及び「相続税評価額」に計上することになりますが，その評価については

課税時期における評価となります。したがって，例えば上場株式であれば，株数は直前期末の株数を使用しますが，株価は課税時期の株価を使用することとなります。

なお，課税時期が直後期末に非常に近い場合において，直前期末時点における資産・負債等により純資産価額を算定することよりも，直後期末時点における資産・負債をもとに評価額を算定した方が合理的である場合に，課税時期から直後期末までの間に資産及び負債について著しく増減がないため評価額の計算に影響が少ないと認められる場合には，直後期末の数値を用いて算定することができます。

3　帳簿価額と相続税評価額

(1)　資産の部に計上する帳簿価額と相続税評価額

資産については，帳簿価額のない借地権・特許権・営業権等の資産についても財産評価基本通達によって評価し，「相続税評価額」に計上が必要である一方，繰延資産や前払費用等の資産のうち財産性のないものについては，評価会社の貸借対照表に帳簿価額の記載があるものであっても，「帳簿価額」や「相続税評価額」に計上を要しないこととされています。

[資産の部に計上する金額]

	相続税評価額	帳簿価額
計上金額	評価会社の各資産の相続税評価額は，評価通達の定めにより評価した価額により計上するので，帳簿価額に記載のないものであったとしても，借地権や評価の対象となる営業権等がある場合には計上を要します。	帳簿価額とは，会計上の帳簿価額ではなく，税務上の帳簿価額(※)となります。よって，例えば減価償却超過額のある減価償却資産については，貸借対照表に計上がされている帳簿価額に減価償却超過額に相当する金額を加算する必要があります。
計上を要しないもの	繰延資産や前払費用等のうち財産性がないものについては，「帳簿価額」と「相続税評価額」の欄のいずれにも計上を要しないこととなります。	

（※）の帳簿価額については，評価会社の企業会計上の帳簿価額ではなく，法人税法の規定に基づく帳簿価額によります。したがって，資産の部の帳簿価額の記載については，貸借対照表上の金額をベースにして，法人税申告書別表五（一）の法人税法上の調整項目を加減算した金額を「帳簿価額」として計上することとなります。

主な資産の科目ごとの相続税評価額と実務上の留意点については以下のとお

りです。

科目	細目	相続税評価額	実務上の留意点
預貯金		預入高＋既経過利息－源泉所得税	定期預金以外は既経過利息がほぼつかないので簿価評価とする。
貸付金等の債権		元本の金額＋既経過利息	課税時期における回収不能額は控除する。
前払費用		計上を要しないものに該当しないか検討	課税時期に契約を解除した場合等に戻ってくる金額があればその金額を計上する。
仮払金		同上	同上
建物	自用家屋	固定資産税評価額	固定資産税の課税明細書に記載の評価額を計上する。
	貸家	自用家屋評価額×（1－借家権割合×賃貸割合）	借家権割合は 30%で計算する。
	3 年以内取得建物等	課税時期における通常の取引価額	通常は簿価（未償却残高）となる。
建物附属設備		（再建築価額－課税時期までの償却費）×0.7	家屋の固定資産税評価額に含まれている場合にはゼロ円で評価する。
構築物		（再建築価額－課税時期までの償却費）×0.7	償却費は定率法で計算する。
機械装置		原則として売買実例価額，精通者意見価格等 上記が明らかでない場合には，「小売価額－課税時期までの償却費」	圧縮記帳や特別償却をしている場合にはそれぞれなかったものとして未償却残高を計算する。

土地・借地権	自用地	路線価×画地調整×面積	路線価地域に所在する土地の場合。
		固定資産税評価額×倍率	倍率地域に所在する土地の場合。
	借地権	自用地評価額×借地権割合	貸借対照表に計上されていなくても評価する。 借地権割合は路線価図及び評価倍率表を確認する。
	貸宅地	自用地評価額－借地権評価額	
	貸家建付地	自用地評価額－(借地権評価額×借家権割合×賃貸割合)	借家権割合は 30%で計算する。
	3 年以内取得土地等	課税時期における通常の取引価額	通常は簿価（取得価額）となる。
有価証券	上場株式	課税時期の終値，課税時期の属する月・前月・前々月の終値平均のうちいずれか低い金額	証券会社に確認するか，インターネットサイト（日本取引所グループ等）でそれぞれの金額を確認する。
電話加入権		加入権 1 本当たりの標準価額×加入本数	標準価額は財産評価基準書を確認する。
ゴルフ会員権	取引相場のある会員権	通常の取引価額×70%＋取引価額に含まれない預託金等	ゴルフ会員権の取引業者に確認するか，取引業者のインターネットサイトで取引相場（売価格と買価格の平均値）を確認する。
生命保険請求権		受け取った生命保険金の額	被相続人の死亡に伴い会社が生命保険金を取得した場合に計上する。
保険積立金		課税時期における解約返戻金	上記の生命保険請求権に係る金額は二重計上になってしまうため除外する。 保険事故が発生していない生命保険については生命保険会社に解約返戻金を確認して計上する。
営業権		評基通 165 の算式による金額	貸借対照表に計上されていなくても計上する。

ヒヤリハット事例㉑

資産の部の帳簿価額について貸借対照表の金額をそのまま使用してしまった。

資産の部の帳簿価額欄については，評価会社の記帳に基づく企業会計上の帳簿価額ではなく，法人税法の規定に基づく帳簿価額を記載する必要があります。

したがって，資産の部の帳簿価額欄は，次の算式のとおり企業会計ベースに基づく貸借対照表の価額を基礎として，法人税申告書別表五（一）による法人税法上の調整項目（加算または減算項目）を処理して取り扱うことになります。

企業会計ベースに基づく貸借対照表の価額	±	法人税申告書別表五（一）に基づく加減算調整項目	=	純資産価額方式における資産の部の帳簿価額

資産の部の帳簿価額を記載する際には，必ず法人税申告書別表五（一）を確認して，企業会計上の帳簿価額と税務上の帳簿価額に差異がないか確認してミスを防ぎましょう。

【事例】

A 社は前期に機械装置（取得価額 10,000 千円）を取得し，会計上の減価償却費を 1,000 千円計上して，直前期末の貸借対照表上の簿価は 9,000 千円となっていた。

しかし，耐用年数が誤っており税務上の償却限度額は 500 千円であったので，別表四で 500 千円を加算（留保）し，別表五（一）の期末欄に減価償却超過額として 500 千円と記載がある。

この場合に，当該機械装置の帳簿価額欄に帳簿価額の 9,000 千円をそのまま計上してしまったが，正しくは法人税法上の帳簿価額である 9,500 千円を計上すべきであった。

誤

資　産　の　部			
科　　目	相続税評価額	帳簿価額	備考
機械装置	千円	千円 9,000	

正

資　産　の　部			
科　　目	相続税評価額	帳簿価額	備考
機械装置	千円	千円 9,500	

ヒヤリハット事例㉒

課税時期前 3 年以内に取得した土地について路線価方式で評価してしまった。

相続財産のうち，個人が所有している土地や建物については取得時期にかかわらず原則として路線価方式や倍率方式で評価を行うこととなります。しかし，取引相場のない株式を評価する際に純資産価額方式を用いる場合には，個人とは異なる取扱いが定められています。具体的には，課税時期前 3 年以内に取得した土地及び土地の上に存する権利（以下「土地等」といいます）並びに家屋及びその附属設備または構築物（以下「家屋等」といいます）については，評価にあたって路線価や固定資産税評価額を使用するのではなく，「通常の取引価額に相当する金額」によることとされています（評基通 185）。評価会社の有する土地等並びに家屋等が課税時期前 3 年以内に取得したものかどうかの判定は，直前期末方式で純資産価額を算定する場合であっても，相続税の課税時期が 3 年の起算日となります。

なお，「通常の取引価額に相当する金額」は，帳簿価額が課税時期における通常の取引価額に相当すると認められる場合には，当該帳簿価額に相当する金額によって評価することができるものとするとされています。

土地等並びに家屋等について課税時期前３年以内に取得していたことに気づかず，路線価方式で評価をするとミスにつながることがあります。

純資産価額方式により評価する際には，不動産の登記事項証明書を取得して，評価会社が所有不動産をいつ取得したかを確認することによってミスを防ぎましょう。

【事例】

・課税時期の２年前に取得した土地

・帳簿価額（課税時期における通常の取引価額と仮定）　100,000 千円

・路線価方式による評価　60,000 千円

路線価方式による評価　60,000 千円で第５表の相続税評価額に計上しているが，正しくは 100,000 千円で計上すべきであった

誤

資産の部			
科目	相続税評価額	帳簿価額	備考
土地	千円 60,000	千円 100,000	

正

資産の部			
科目	相続税評価額	帳簿価額	備考
土地	千円 100,000	千円 100,000	

ヒヤリハット事例㉓

課税時期前３年以内に取得した土地及び家屋を取得後に賃貸した場合に，帳簿価額のまま計上してしまった。

ヒヤリハット事例㉒のとおり，課税時期前３年以内に取得した土地及び家屋については，「通常の取引価額に相当する金額」によることとされており，実務上は帳簿価額を使用するケースがほとんどです。

ただし，その家屋を取得後に自用から賃貸に利用区分を変更しているときは，取得時の利用区分（自用家屋，自用地）と課税時期の利用区分（貸家，貸家建付地）が異なることから，実務上，その貸家と敷地が自用家屋と自用地であるとした場合の通常の取引価額を求め，次にその価額を評基通 93 の貸家の評価の定めと同通達 26 の貸家建付地の評価の定めを適用して減額して計算することが認められています。

よって，課税時期前 3 年以内に取得している不動産について，全て帳簿価額のまま計上するとミスにつながることがあります。賃貸借契約書の確認やヒアリングを行うことによって賃貸の事実関係を確認し，ミスを防ぎましょう。

【事例】

A 社は課税時期の 1 年前に土地及び家屋を取得し，取得後，当該土地及び家屋を新たに第三者に賃貸していた（賃貸割合は 100%）。

帳簿価額（課税時期における通常の取引価額と仮定）

土地：50,000 千円

家屋：30,000 千円

借地権割合：50%

第 5 表の相続税評価額に帳簿価額のとおりに計上してしまったが，正しくは土地が 42,500 千円（50,000 千円×(1－(50%×30%)))，建物が 21,000 千円（30,000 千円×(1－30%))）で相続税評価額に計上すべきであった。

誤

資 産 の 部			
科 目	相続税評価額	帳簿価額	備考
土地	50,000千円	50,000千円	
建物	30,000	30,000	

正

資 産 の 部			
科 目	相続税評価額	帳簿価額	備考
土地	42,500千円	50,000千円	
建物	21,000	30,000	

ヒヤリハット事例㉔

全額損金タイプの生命保険や経営セーフティ共済について相続税評価額に計上を忘れてしまった。

純資産価額方式は，課税時期における評価会社の全ての資産について相続税評価額を求め，これをもとに計算する方法です。よって，たとえ貸借対照表に帳簿価額の記載がない資産であっても課税時期において財産価値があれば，相続税評価額に計上する必要があります。

課税時期において，まだ保険事故が発生していない生命保険契約（例えば契約者⇒会社，被保険者⇒被相続人の子供，受取人⇒会社）に関する権利の評価額は，相続開始時においてその契約を解約するとした場合に支払われることとなる解約返戻金の額（解約返戻金のほかに支払われることとなる前納保険料の金額，剰余金の分配額等がある場合にはこれらの金額を加算し，解約返戻金の額につき源泉徴収されるべき所得税の額に相当する金額がある場合には当該金額を減算した金額）によって評価することとなります（評基通 214）。

また経営セーフティ共済についても同様に，支払時に会計上全額費用として会計処理している場合には，課税時期における解約手当金の計上を忘れるとミスにつながることがあります。

評価会社が加入している生命保険契約や経営セーフティ共済を把握するため

に，決算書だけでなく過去数年分の総勘定元帳まで確認してミスを防ぎましょう。

【事例】

評価会社が過去に支払いを終えていた全額損金タイプの生命保険（契約者⇒評価会社，被保険者⇒被相続人の長男，受取人⇒評価会社）は下記のとおりである。

・帳簿価額　0 円

・課税時期における解約返戻金　10,000 千円

帳簿価額がゼロ円であったため相続税評価額に計上を失念してしまったが，正しくは 10,000 千円を相続税評価額に計上すべきであった。

誤

資産の部			
科目	相続税評価額	帳簿価額	備考
	千円	千円	

正

資産の部			
科目	相続税評価額	帳簿価額	備考
生命保険契約に関する権利	千円 10,000	千円 0	

ヒヤリハット事例㉕

即時償却（特別償却）により帳簿価額がゼロ円になっている機械装置をそのまま評価してしまった。

機械装置などの一般動産については，原則として，売買実例価額・精通者意見価格等を参酌して評価します。ただし，売買実例価額・精通者意見価格等が明らかでない動産については，その動産と同種及び同規格の新品の課税時期における小売価額から，その動産の製造のときから課税時期までの期間（その期間に 1 年未満の端数があるときは，その端数は 1 年とします）の償却費の額の合計額または減価の額を控除した金額によって評価します（評基通 129）。一

般的に，売買実例価額，精通者意見価格等を採用するケースは評価が難しいことが多いため，ただし書きの方法で実務上は評価することがほとんどです。

その場合に，評価する一般動産につき，中小企業投資促進税制や中小企業経営強化税制の適用を受けて特別償却を選択しているケースがあり，特別償却を選択した結果，その取得した事業年度において帳簿価額がゼロ円となる場合があります（30%の特別償却の場合はその分帳簿価額が下がっています）。しかし，上記のとおり，一般動産の相続税評価は，特別償却を考慮しない評価方法となっているので，相続税評価額は特別償却がなかったものとして償却費の額の計算をやり直す必要があります。なお，帳簿価額については，特別償却後の帳簿価額を記載します。

また，上記とは反対に過去に利益が出ていなかった等の理由のため減価償却不足額が発生している場合に，帳簿価額の金額をそのまま相続税評価額として計上すると，評価が過大となってしまうため注意が必要です。

特別償却の対象となり得る資産を評価する際には，固定資産台帳を確認し，過去に特別償却がなかったかどうかを確認することによってミスを防ぎましょう。

【事例】

A社は，直前期（令和1年6月1日）において機械装置を300,000千円（耐用年数10年）で取得して，中小企業経営強化税制の適用を受け特別償却を選択している。

課税時期は令和2年5月1日であるが，直前期末（令和2年3月31日）の当該機械装置の帳簿価額はゼロ円となっている。

帳簿価額がゼロ円であったことから，相続税評価額についてもそのまま0千円としてしまったが，正しくは「300,000千円－(300,000千円×0.2(定率法の償却率)×1年(1年未満切上げ))＝240,000千円」で相続税評価額に計上すべきであった。

誤

資　産　の　部			
科　　目	相続税評価額	帳簿価額	備考
機械装置	千円 0	千円 0	

正

資　産　の　部			
科　　目	相続税評価額	帳簿価額	備考
機械装置	千円 240,000	千円 0	

ヒヤリハット事例㉖

構築物を評価する際に定額法での未償却残高を相続税評価額に計上してしまった。

構築物の評価方法は，その構築物の再建築価額から，建築時点から課税時期までの期間（その期間に1年未満の端数があるときは，その端数は1年とします）の償却費の額の合計額，または減価の額を控除した金額の100分の70に相当する金額によって評価します（評基通97）。

再建築価額とは，課税時期においてその構築物を新たに建設した場合にかかる費用のことですが，実務上は，取得価額を使用することがほとんどです。また，減価償却の方法は定率法とし，その耐用年数は耐用年数省令に規定する耐用年数によると規定されています。

一方で法人税の申告上は，法人が平成28年4月1日以後に取得する構築物の償却方法については，選択の余地はなく，定額法によることになっています。よって，帳簿価額をそのまま使用すると評価額が過大になるミスにつながることがあります。

構築物の評価については，実務上非常に間違いが多くなっているポイントです。国税庁の「定率法未償却残額表」や未償却残高を計算するエクセル等を活用することによってミスを防ぎましょう。

【事例】

3月決算のA社は平成28年6月1日に構築物を10,000千円（耐用年数10年）で取得している。

課税時期は令和2年5月1日であるが，直前期末（令和2年3月31日）の帳簿価額は「10,000千円－(10,000千円×0.1(定額法の償却率)×46/12月)＝6,166千円」であった。

相続税評価額についてもそのまま6,166千円で計上してしまったが，正しくは「4,096千円(定率法により計算した未償却残高(1年未満切上げ))×70%＝2,867千円」で相続税評価額に計上すべきであった。

誤

資　産　の　部			
科　　目	相続税評価額	帳簿価額	備考
構築物	千円 6,166	千円 6,166	

正

資　産　の　部			
科　　目	相続税評価額	帳簿価額	備考
構築物	千円 2,867	千円 6,166	

ヒヤリハット事例㉗

貸借対照表に記載のない営業権について相続税評価額に計上していなかった。

相続税法基本通達では，「法に規定する『財産』とは，金銭に見積もることができる経済的価値のあるすべてのものをいうのである」として，「財産には，法律上の根拠を有しないものであっても経済的価値が認められているもの，例えば，営業権のようなものが含まれること」と営業権も評価対象とすることを明確にしています（相基通11の2-1（2））。したがって，取引相場のない株式の評価においては，有償取得であるか自己創設であるかを問わず，営業権の評価明細書を使用して営業権を評価することになります。

① 営業権評価の算式

営業権の価額は，次の算式によって計算した金額によって評価します（評基通 165）。

・平均利益金額(②)×0.5－標準企業者報酬額(③)－総資産価額(④)×0.05＝超過利益金額(※)

・超過利益金額×営業権の持続年数(原則 10 年)に応ずる基準年利率による複利年金現価率＝営業権の価額

（※） 超過利益金額がマイナスの場合には営業権の評価はゼロ円となります。

② 平均利益金額

平均利益金額は，課税時期の直前期末以前 3 年間における，所得の金額の合計額の 3 分の 1 に相当する金額（課税時期の直前期末以前 1 年間の所得の金額を超える場合には，課税時期の属する年の前年の所得の金額）となります。

その所得の金額の計算の基礎に次に掲げる金額が含まれているときは，これらの金額は，いずれもなかったものとみなして計算した場合の所得の金額とします（評基通 166（1））。

（ｉ） 非経常的な損益の額（類似業種比準方式の非経常的な利益金額とは異なり，マイナスの場合もあります）

（ⅱ） 支払利子等の額

（ⅲ） 青色事業専従者給与額又は損金に算入された役員給与の額

③ 標準企業者報酬額

「標準企業者報酬額」とは，次に掲げる平均利益金額の区分に応じ，次に掲げる算式により計算した金額とします。

平均利益金額の区分	標準企業者報酬額
1 億円以下	平均利益金額×0.3＋1,000 万円
1 億円超　3 億円以下	平均利益金額×0.2＋2,000 万円
3 億円超　5 億円以下	平均利益金額×0.1＋5,000 万円
5 億円超	平均利益金額×0.05＋7,500 万円

④　総資産価額

「総資産価額」とは，財産評価基本通達に定めるところにより評価した課税時期における評価会社の総資産の価額とします（相続税評価額）。

⑤　営業権の持続年数（原則 10 年）に応ずる基準年利率による複利年金現価率

営業権は財産評価基本通達上，10 年間毎年発生するという考え方がとられています。よって，①の算式中の 1 年間の超過利益金額を 10 倍する必要があります。ただし，単純に 10 倍するのではなく，毎年の超過利益金額を現在価値に修正することによって最終的な営業権の価額を算出します。

まず，基準年利率については国税庁が公表しています。

例えば，課税時期が令和 2 年 10 月である場合の基準年利率は，期間が 10 年で長期に区分されるので，0.1%となります。

○　基準年利率

（単位：%）

区分	年数又は期間	令和2年1月	2月	3月	4月	5月	6月	7月	8月	9月	10月	11月	12月
短期	1年	0.01	0.01	0.01	0.01	0.01	0.01	0.01	0.01	0.01	0.01	0.01	0.01
	2年												
中期	3年	0.01	0.01	0.01	0.01	0.01	0.01	0.01	0.01	0.01	0.01	0.01	0.01
	4年												
	5年												
	6年												
長期	7年以上	0.05	0.05	0.01	0.1	0.1	0.1	0.25	0.1	0.25	0.1	0.1	0.1

（注）　課税時期の属する月の年数または期間に応ずる基準年利率を用いることに留意する。

次に，複利年金現価率についても国税庁より公表されています。年0.1%の複利年金現価率は10年の場合，9.945となり，この数値を営業権の評価明細書に記載します。

区分	年数	年0.01%の複利年金現価率	年0.01%の複利現価率	年0.01%の年賦償還率	年1.5%の複利終価率
短期	1	1.000	1.000	1.000	1.015
	2	2.000	1.000	0.500	1.030
区分	年数	年0.01%の複利年金現価率	年0.01%の複利現価率	年0.01%の年賦償還率	年1.5%の複利終価率
中期	3	2.999	1.000	0.333	1.045
	4	3.999	1.000	0.250	1.061
	5	4.999	1.000	0.200	1.077
	6	5.998	0.999	0.167	1.093
区分	年数	年0.01%の複利年金現価率	年0.01%の複利現価率	年0.01%の年賦償還率	年1.5%の複利終価率
長期	7	6.972	0.993	0.143	1.109
	8	7.964	0.992	0.126	1.126
	9	8.955	0.991	0.112	1.143
	10	9.945	0.990	0.101	1.160

営業権の評価については実務上見落としがちです。評価会社が所得が大きい非上場会社の場合には，実際に営業権の評価明細書を作成してみることによりミスを防ぎましょう。

【事例】

A 社は毎年多額の利益がでる優良企業である。A 社の株式の評価にあたり，貸借対照表に営業権の科目がなかったことから特に営業権については相続税評価額に計上しなかった。

しかし，実際には以下の「営業権の評価明細書」のとおり，営業権の計上をすべきであった。

営業権の評価明細書

被相続人等の氏名		相続開始等の年月日	令2·10·1

（平成二十年分以降用）

事業所所在地又は本店所在地		事業の内容		商号又は屋号	
氏名又は法人名	㈱A				

平均利益金額の計算

年分又は事業年度	① 事業所得の金額又は所得の金額（繰越欠損金の控除額を加算した金額）	② 非経常的な損益の額	③ 支払利子等の額	④ 青色事業専従者給与額等又は損金に算入された役員給与の額	⑤ (①±②+③+④)
H29.4.1～H30.3.31	60,000,000	5,000,000	1,000,000	20,000,000	㋑ 76,000,000 円
H30.4.1～H31.3.31	70,000,000	6,000,000	1,000,000	20,000,000	㋺ 85,000,000
前年分又は直前事業年度	100,000,000	7,000,000	1,000,000	20,000,000	㋩ 114,000,000

(㋑+㋺+㋩) × $\frac{1}{3}$ = 91,666,666 円…⑥

平均利益金額（㋩の金額と⑥の金額のうちいずれか低い方の金額） = 91,666,666 円…⑦

標準企業者報酬額の計算

標準企業者報酬額（標準企業者報酬額表に掲げる平均利益金額の区分に応じ、同表に掲げる算式により計算した金額）

（⑦の金額）

91,666,666 円 × 0.30 + 10,000,000 円

= 37,499,999 円 …⑧

【標準企業者報酬額表】

平均利益金額の区分	標準企業者報酬額の算式
1億円以下	平均利益金額×0.3＋10,000,000円
1億円超　3億円以下	平均利益金額×0.2＋20,000,000円
3億円超　5億円以下	平均利益金額×0.1＋50,000,000円
5億円超	平均利益金額×0.05＋75,000,000円

総資産価額の計算

科目	相続税評価額	科目	相続税評価額
諸資産	100,000,000 円		円
		合計	⑨ 100,000,000

（平均利益金額（⑦））　（標準企業者報酬額（⑧））　（総資産価額（⑨））　（超過利益金額（⑩））

91,666,666 円 × 0.5 − 37,499,999 円 − [100,000,000 円 × 0.05] = 3,333,334 円

（超過利益金額（⑩））　（営業権の持続年数に応ずる基準年利率による複利年金現価率※）　（営業権の価額）

3,333,334 円 × 9.945 = 33,150,006 円

※ 営業権の持続年数は、原則として、10年とします。

（注） 医師、弁護士等のようにその者の技術、手腕又は才能等を主とする事業に係る営業権で、その事業者の死亡とともに消滅するものは、評価しません。

（資4－29－A4統一）

（※） 科目名については便宜上「諸資産」としています。

誤

資産の部			
科目	相続税評価額	帳簿価額	備考
	千円	千円	

正

資産の部			
科目	相続税評価額	帳簿価額	備考
営業権	千円 33,150	千円 0	

ヒヤリハット事例㉘

貸借対照表に記載のない借地権について相続税評価額に計上していなかった。

評価会社が土地をその評価会社のオーナーから賃借してその土地の上に本社や工場等を建設している事例は実務上よく見受けられます。しかし，特に同族間の賃貸借においては権利金等のやりとりなどは一般的に行わないため，評価会社の貸借対照表には「借地権」という科目の記載がないケースがほとんどです。よって，純資産価額の算定上，借地権の評価が漏れることが多く見受けられます。

借地権の相続税評価額は，借地権の目的となっている宅地が自用地（他人の権利の目的となっていない場合の土地で，いわゆる更地をいいます）としての価額に借地権割合を乗じて求めます（評基通 27）。この借地権割合は，借地事情が似ている地域ごとに定められており，路線価図や評価倍率表に表示されています。路線価図や評価倍率表は，国税庁ホームページで閲覧できます。

借地権の基本的な評価方法については，上記のとおりですが，特殊なケースもあるので，以下の A～C の土地が評価会社の純資産価額を算定する際，どのように取り扱われるかみていきます。

なお，これらの土地は全て，地主：オーナー個人，借地人：同族法人であり，借地権の設定に際し通常権利金を支払う慣行のある地域に所在し，かつ，借地権の設定に際し権利金の授受は行っていないものとします。

A 土地…相当の地代を授受（土地の無償返還に関する届出書の提出なし）

B 土地…相当の地代に満たない地代を授受（土地の無償返還に関する届出書の提出あり）

C 土地…使用貸借により賃貸（土地の無償返還に関する届出書の提出あり）

① A 土地の取扱い

借地権の設定に際し通常権利金を支払う慣行のある地域にある土地を，権利金等の支払いをせずに賃借した場合において，その土地の自用地価額のおおむね 6%程度の地代（「相当の地代」）を支払っているときは，その土地の借地権の評価は原則としてゼロと取り扱われます（「相当の地代を支払っている場合等の借地権等についての相続税及び贈与税の取扱いについて」通達）。

しかし，当該土地の底地を評価する場合，自用地評価額からその価額の 20%相当額を控除した金額により評価することができることから，被相続人が同族関係者となっている評価会社の純資産価額を算定するときには，被相続人の土地評価の際に控除した自用地評価額の 20%相当額を資産として計上することとされています（昭 43 年 10 月 28 日付直資 3-22 他「相当の地代を収受している貸宅地の評価について」通達）。

そのため，評価会社の純資産価額を算定する場合には，A 土地の自用地評価額の 20%相当額を借地権として資産に計上する必要があります。

② B 土地の取扱い

借地権の設定に際し通常権利金を支払う慣行のある地域にある土地を，権利金等の支払いをせずに，相当の地代に満たない地代により賃借した場合において，無償返還の届出が提出されているときは，その土地の借地権の評価は原則としてゼロと取り扱われます（「相当の地代を支払っている場合等の借地権等についての相続税及び贈与税の取扱いについて」通達)。

しかし，A 土地と同様，当該土地の底地を評価する場合，自用地評価額からその価額の 20%相当額を控除した金額により評価することができることから，被相続人が同族関係者となっている評価会社の純資産価額を算定するときは，被相続人の土地評価の際に控除した自用地評価額の 20%相当額を資産として計上することとされています（昭 43 年 10 月 28 日付直資 3–22 他「相当の地代を収受している貸宅地の評価について」通達)。

そのため，評価会社の純資産価額を算定する場合には，B 土地の自用地評価額の 20%相当額を借地権として資産に計上する必要があります。

③　C 土地の取扱い

借地権の設定に際し通常権利金を支払う慣行のある地域にある土地を，権利金等の支払いをせずに，使用貸借により賃借している場合には，その土地の借地権の評価はゼロとして取り扱われます（土地の無償返還に関する届出書の提出があるため，評価会社に対して借地権の認定課税はありません)。

この場合，当該土地の底地を評価する場合，上記の A 土地及び B 土地と異なり，自用地評価額により評価することとされており（20%相当額の控除を行うことはできません)，評価会社の純資産価額を算定する場合には，借地権はゼロとして計算を行います。

借地権の計上漏れは実務上よく見受けられることから，評価会社が建物を所有している場合には，必ず土地の権利関係及び契約関係を確認してミスを防ぎましょう。

【事例】

A 社は，相続開始の 10 年前から A 社の株主である甲より土地を固定資産税相当額の 3 倍程度の地代で借り受けて，その土地の上に本社家屋を建築している。

借地権の設定に際し通常権利金を支払う慣行のある地域に所在し，かつ，借地権の設定に際し権利金の授受は行っておらず，「土地の無償返還に関する届出書」も提出していない。

なお，土地の自用地評価額は 100,000 千円であり，借地権割合は 60%の地域である。

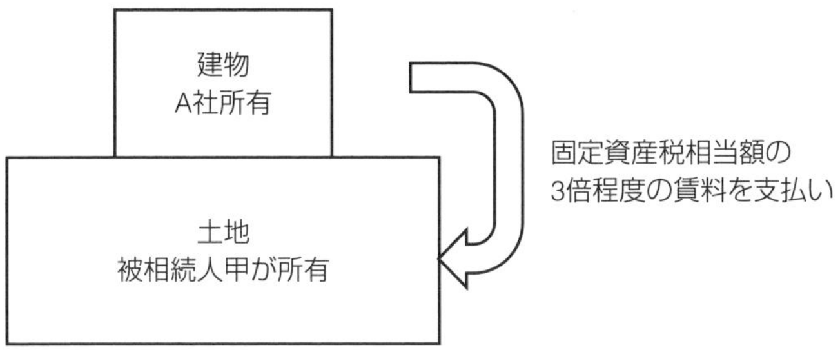

この場合には，相当の地代の収受もなく，かつ土地の無償返還に関する届出書の提出もないことから，A 社は甲から借地権の贈与を受けたと考えるのが妥当であり，結果として，課税（A 社に対する借地権相当額の受贈益課税）が行われないまま，認定課税の除斥期間を経過してしまったと考えられる。したがって，相続開始時点では，甲が所有する土地に A 社のための借地権が設定されていると認められることから，A 社の純資産価額の計算にあたっては「自用地評価額（100,000 千円）×借地権割合（60%）＝60,000 千円」を借地権として相続税評価額に計上すべきであったが，貸借対照表に記載がなかったので失念してしまった。

誤

資　産　の　部			
科　　目	相続税評価額	帳 簿 価 額	備 考
	千円	千円	

正

資　産　の　部			
科　　目	相続税評価額	帳 簿 価 額	備 考
借地権	千円 60,000	千円 0	

ヒヤリハット事例㉙

評価会社が「土地の無償返還に関する届出書」を提出して賃借している土地について，更地価額の20%を借地権として計上してしまった。

ヒヤリハット事例㉘のとおり，評価会社の株主が同族関係者となっている同族会社に対し土地を貸し付けており，「土地の無償返還に関する届出書」が提出されている場合には，その同族会社の株式の評価上，借地権に相当する金額として，自用地価額の20%相当額を純資産価額に借地権として計上することとされています。

しかし，相当の地代通達8のなお書きでは，「被相続人が同族関係者となっている同族会社に対し土地を貸し付けている場合には，43年直資3－22通達の適用があることに留意する」と規定されており，この規定はあくまで被相続人等が同族関係者となっている同族会社に対し土地を貸し付けている場合に被相続人等が所有する評価会社の株式を評価する際の借地権の価額についての定めであるので，土地所有者と株式所有者が同一であることを前提としているものと考えられます。

よって，例えば評価会社の株主ではない相続人が，評価会社に対し土地を貸し付けている場合に被相続人が保有する評価会社株式の評価をする際には，土地所有者と株式所有者が同一でないため，借地権相当額（20%）の計上は不要と考えられます。

相当の地代の支払いがある場合や，土地の無償返還に関する届出書を提出している場合については，株主と地主の関係を確認してミスを防ぎましょう。

【事例】

A社は，被相続人甲が100%株主となっている法人で，本社について，甲の妻である乙から土地を固定資産税相当額の3倍程度の地代で借り受けて，その上に本社家屋を建築している。

A 社は乙と連名で「土地の無償返還に関する届出書」を提出している。なお，土地の自用地評価額は 30,000 千円である。

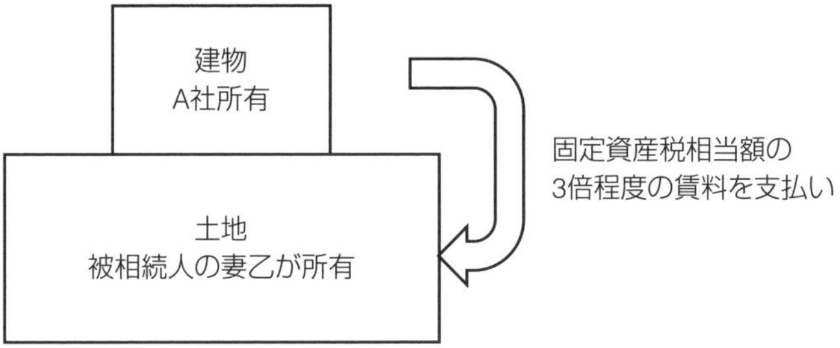

この場合に，A 社の純資産価額の計算にあたり，「自用地評価額（30,000 千円）×20%＝6,000 千円」を借地権として相続税評価額に計上してしまったが，土地所有者（乙）が A 社の株式を所有しておらず，土地所有者と株式所有者が同一でないことから，正しくは，借地権相当額の計上は不要であった。

誤

資産の部			
科目	相続税評価額	帳簿価額	備考
借地権	6,000 千円	千円	

正

資産の部			
科目	相続税評価額	帳簿価額	備考
借地権	千円	千円	

(2)　負債の部に計上する帳簿価額と相続税評価額

相続税評価額によって計算した総資産価額から控除する各負債の金額は，相続税法の規定により債務控除の対象となる債務，例えば借入金・未払金などの対外的な債務の金額のことをいいます。各種引当金などは確実な債務とはいえないため，負債として計上しない反面，帳簿に記載がなくても確実な債務は全て負債に計上します（評基通 186）。なお，実務上負債の部については特殊な取引がなされた場合を除いて，基本的には「相続税評価額」と「帳簿価額」が一致することとなります。

[負債の部に計上する金額]

	相続税評価額	帳簿価額
計上金額	原則として，課税時期（直前期末方式を採用している場合には直前期末時点）において債務が確定しているものを計上することになります。	原則として，相続税評価額と一致することになります。
計上を要しないもの	引当金・繰延税金負債等の債務として確定していないものについては，原則として，その計上を要しないこととなります。	

主な負債の科目ごとの相続税評価額は以下のとおりです。

科目	細目	相続税評価額	実務上の留意点
引当金	貸倒引当金	債務が確定していないため計上しない。	
未払税金		課税時期において確定している未納の税額	仮決算方式と直前期末方式で未払の認識時点が異なる(注1)。
未払退職金		被相続人の死亡により相続人等に支給することが確定した退職手当金等の金額	生命保険金を原資として死亡退職金を支払った場合には，差益に対する法人税額等相当額も負債に計上できる。
未払弔慰金		弔慰金は相続人等において非課税となるため計上しない。	弔慰金として支給をした金額のうち，退職手当金等に含まれる金額については負債に計上できる。
未払社葬費用		社葬を実施した場合に法人が負担する金額	社会通念上相当と認められる金額に限る。
未払配当金		支払うことが確定した配当金の金額	課税時期までに配当金の効力が発生した場合に限る。

（注1） 仮決算方式と直前期末方式では，特に未払税金の認識方法が異なるので注意が必要です。

[未払税金の認識時点の比較]

	仮決算方式	直前期末方式
固定資産税等	課税時期以前に賦課期日のあった固定資産税等で，課税時期において未払いであるもの	直前期末以前に賦課期日のあった固定資産税等で，直前期末時点において未払いであるもの
法人税等	課税時期の属する事業年度に係る法人税額，消費税額等，事業税額，道府県民税額及び市町村民税額で，その事業年度開始の日から課税時期までの期間に対応する金額のうち，課税時期において未払いであるもの	直前期末の事業年度に係る法人税額，消費税額等，事業税額，道府県民税額及び市町村民税額で，直前期末時点において未払いであるもの

ヒヤリハット事例㉚

生命保険金を原資として死亡退職金を支払った場合に，差益部分に対する法人税額等を負債計上していなかった。

法人が，生命保険金を原資として被相続人に係る死亡退職金を支払った場合には，その支払退職金の額を負債に計上するとともに，支払退職金を控除した後の保険差益について課されることとなる法人税額等についても確定の債務に該当することから，負債に計上します。

評価会社が直前期末方式で１株当たりの純資産価額を計算する場合における保険差益に対応する法人税額等は，この保険差益によって課税所得金額が算出される場合のその課税所得の37%相当額によって差し支えありません。具体的には，①会社に繰越欠損金がない場合と②会社に繰越欠損金がある場合で計算方法が異なります。

①会社に繰越欠損金がない場合

生命保険金から死亡退職金を控除した差額（保険差益）に対しては，理論上，法人税額等が課税されるので，保険差益（生命保険金－保険積立金－死亡退職金－弔慰金）に対する法人税額等に相当する金額（37%）を，評価明細書第５表の「負債の部」の「相続税評価額」及び「帳簿価額」の両方に記載します。

②会社に繰越欠損金がある場合

会社に繰越欠損金がある場合は，課税対象となる所得金額は保険差益から繰越欠損金を控除した金額になるため，保険差益から繰越欠損金を控除した金額に基づき法人税額等に相当する金額を計算します。

この保険差益に係る法人税額等の計上を失念してしまうとミスにつながることがあります。

評価会社が契約者となっていて被保険者が被相続人となっている保険契約については，必ず契約内容や資産計上額を確認し，死亡退職金についても相続人にヒアリング等を必ず行い，保険差益を意識することによってミスを防ぎましょう。

【事例】

A社には，甲の相続によって死亡保険金30,000千円が保険会社より入金された。資産計上されている保険積立金等や死亡退職金として相続人に支払った金額は以下のとおりである。なお，A社には繰越欠損金はない。

死亡保険金	30,000千円
保険積立金	△15,000千円
死亡退職金	△5,000千円
保険差益	10,000千円

負債の金額を計上するにあたり，死亡退職金の5,000千円は計上したが，保険差益に対応する法人税額等3,700千円（10,000千円×37%）については計上すべきであるところを失念してしまった。

誤

負債の部			
科目	相続税評価額	帳簿価額	備考
	千円	千円	

正

負債の部			
科目	相続税評価額	帳簿価額	備考
保険差益に対する法人税額等	千円 3,700	千円 3,700	

ヒヤリハット事例㉛

弔慰金について，退職手当金等に該当する部分についても負債に計上していなかった。

被相続人の死亡によって相続人等が受け取る弔慰金は，相続税の課税対象とはなりません。ただし，次に掲げる金額を限度とし，それを超える部分は退職手当金等として相続税の課税対象となります。

① **被相続人の死亡が業務上の死亡であるとき**

被相続人の死亡当時の普通給与の３年分に相当する額

② **被相続人の死亡が業務上の死亡でないとき**

被相続人の死亡当時の普通給与の半年分に相当する額

この上限を超えた部分に関しては退職手当金等とみなし，相続税の課税対象となります。

弔慰金を支給した会社の純資産価額方式の計算上，弔慰金は原則として，受取り側である相続人等において非課税とされますので，負債に計上しません。ただし，弔慰金のうち，非課税限度額を超えて退職手当金等に該当するものとして相続税の課税価格に算入されることとなる金額に限り，株式の評価上，負債に計上することができます。

評価会社から弔慰金の支給がある場合には，その算定根拠をヒアリング等によって確認してミスを防ぎましょう。

【事例】

A 社は被相続人甲の死亡（業務上の死亡ではない）に伴い，死亡当時の普通給与（250 千円）の１年分にあたる 3,000 千円を弔慰金として相続人に対して支給した。

弔慰金のうち非課税限度額 1,500 千円（250 千円×6 か月）を超える部分の 1,500 千円については退職手当金等として甲の相続財産に計上している。

この場合に，弔慰金としての支給であったことから 3,000 千円を負債に計上していなかったが，退職手当金等に該当する 1,500 千円については負債として計上すべきであった。

誤

負債の部			
科目	相続税評価額	帳簿価額	備考
	千円	千円	

正

負債の部			
科目	相続税評価額	帳簿価額	備考
未払弔慰金	千円 1,500	千円 1,500	

4　評価差額に対する法人税額等相当額

(1)　意義

純資産価額方式は，課税時期に評価会社が解散した場合に，その会社の株主に分配されるはずの正味の財産価値で株式を評価しようとするものです。そして，正味財産価値は会社の保有する資産の相続税評価額から負債を差し引いた金額をもとに算出することになります。

しかし，実際には相続税評価額による資産から負債を差し引き，その評価差額の全てが株主に帰属するわけではありません。もし，課税時期に法人を解散した場合には，この評価差額に対して法人税額等が課せられますので，その法人税額等相当である37％分を純資産価額方式の計算上控除することが認められています（評基通186–2）。

これは，株式の所有を通じて会社の資産を所有する株主と，事業用資産を直接所有する個人事業者とでは所有形態が異なるので，両者の資産の所有形態を経済的に同一条件に置き換えて評価の均衡を図る必要があるためです。

[法人税額等相当額のイメージ]

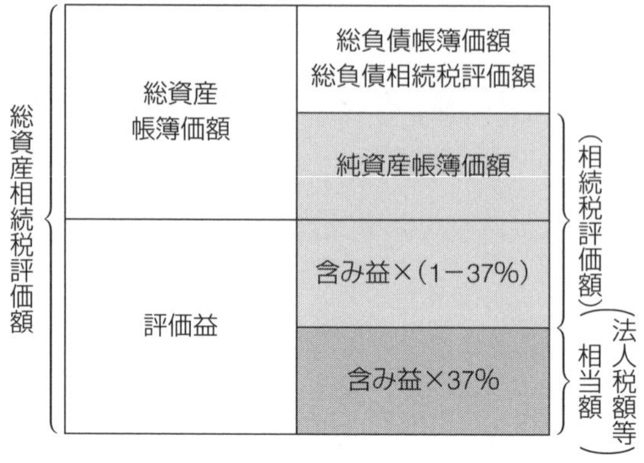

評価差額に対する法人税額等相当額は以下の部分に記載します。

[相続税評価額による純資産価額 50,000 千円，帳簿価額による純資産価額 30,000 千円の会社の場合]

2. 評価差額に対する法人税額等相当額の計算		
相続税評価額による純資産価額 (①−③)	⑤ 50,000	千円
帳簿価額による純資産価額 ((②＋(㋥－㋭)－④)、マイナスの場合は0)	⑥ 30,000	千円
評価差額に相当する金額 (⑤−⑥、マイナスの場合は0)	⑦ 20,000	千円
評価差額に対する法人税額等相当額 (⑦×37%)	⑧ 7,400	千円

(2) 税率

評価差額に対する法人税額等相当額の税率については，法人税，事業税，道府県民税，市民税の税率によって決められています。平成元年当時は53％でしたが，徐々に下がってきており，平成 28 年 4 月 1 日以後に相続，遺贈または贈与により取得した取引相場のない株式の評価については 37％の税率が適用されることとなっています。

《参考》 令和元年10月1日以後に開始する事業年度等の「法人税率等の合計割合」の内訳

		税率に相当する割合	根拠条文	備考
法人税	① 法人税	23.2%	法人税法66①	
	② 地方法人税	2.3896%	地方法人税法10①	法人税額×10.3%
事業税	③ 事業税	7.0%	地方税法72の24の7①三	
	④ 特別法人事業税	2.59%	特別法人事業税法7①三 同法附則1及び2①	事業税額×37.0%
⑤ 道府県民税		0.232%	地方税法51①	法人税割の税率。 法人税額×1.0%
⑥ 市町村民税		1.392%	地方税法314の4①	法人税割の税率。 法人税額×6.0%
⑦ 合計		36.8036%≒37%		

（出典：「財産評価基本通達の一部改正について」通達等のあらましについて（情報）別添）

(3) 現物出資等がある場合

評価会社の保有する資産のうちに現物出資もしくは合併により著しく低い価額で受け入れた資産または株式交換もしくは株式移転により著しく低い価額で受け入れた株式（以下「現物出資等受入れ資産」といいます）がある場合には，現物出資・合併・株式交換・株式移転の時における現物出資等受入れ資産の相続税評価額から現物出資等受入れ資産の帳簿価額（受入れ価額）を控除した金額（現物出資等受入れ差額）を，課税時期における相続税評価額による総資産価額の計算のもととした各資産の帳簿価額の合計額に加算します（評基通186−2（2））。

これによって，著しく低い価額で受け入れた資産に対する法人税額等相当額については控除することができないような仕組みとなっています。

［現物出資等受入れ差額の計算式］

現物出資等受入れ差額(※)＝現物出資等の時の相続税評価額　−　現物出資等受入れ資産の帳簿価額

（※）課税時期における現物出資等受入れ資産の相続税評価額が，現物出資等の時における相続税評価額を下回る場合の現物出資等受入れ差額は，課税時期における現物出資等受入れ資産の相続税評価額とその現物出資等受入れ資産の帳簿価額との差額になります。

なお，課税時期における相続税評価額による総資産価額に占める現物出資等受入れ資産の課税時期における合計額（相続税評価額）の割合が20%以下である場合には，現物出資等受入れ差額は加算する必要はありません。

現物出資等受入れ差額については実務上失念しやすい項目になるので，評価会社が過去に組織再編等を行っている場合には，現物出資等受入れ差額がないか確認する必要があります。

ヒヤリハット事例㉜

評価会社の子会社株式を評価する際に，評価差額に対する法人税額等相当額の控除を行ってしまった。

評価会社が非上場会社の株式を保有している場合には，純資産価額を算定するにあたって，まずその保有している非上場株式の相続税評価額を計算する必要があります。この当該非上場株式の評価にあたり純資産価額方式によって評価をする場合には，評価差額に対する法人税等相当額の控除を行うことができません（評基通186-3）。よって，例えば評価会社の子会社株式を評価する際に，含み益についての法人税額等相当額の控除を行うとミスにつながることがあります。

評価会社が保有する非上場株式を純資産価額方式により評価する際には，当該非上場会社の資産について含み益が発生するかどうかを確認してミスを防ぎましょう。

【事例】

A 社は非上場会社 B 社の株式を 100%保有している。B 社は小会社であり，類似業種比準価額が純資産価額を上回るため，純資産価額方式により評価する会社である。なお，B 社株式の帳簿価額は 10,000 千円である。

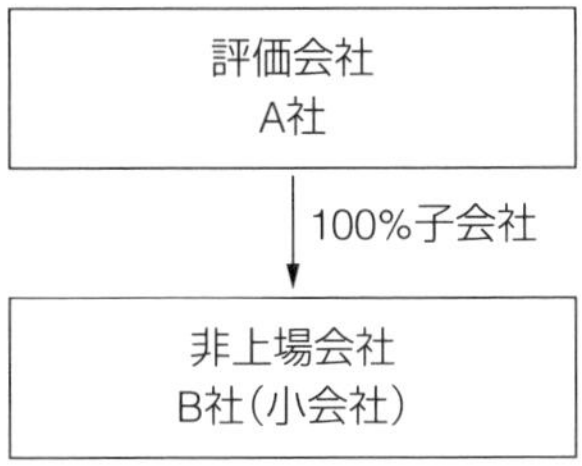

B 社資産の部			B 社負債の部		
科目	相続税評価額	帳簿価額	科目	相続税評価額	帳簿価額
諸資産	100,000 千円	50,000 千円	諸負債	30,000 千円	30,000 千円

- 評価差額に相当する金額　(100,000千円－30,000千円)－(50,000千円－30,000千円) ＝50,000 千円
- 評価差額に対する法人税等相当額　50,000 千円×37%＝18,500 千円
- 課税時期現在の純資産価額（相続税評価額）　70,000 千円－18,500 千円＝51,500 千円

B 社株式の評価にあたり，含み益があったことから評価差額に対する法人税額等相当額の控除を行って評価してしまったが，法人税等相当額の控除をせず評価すべきであった。

誤

資　産　の　部			
科　目	相続税評価額	帳 簿 価 額	備 考
B社株式	千円 51,500	千円 10,000	

正

資　産　の　部			
科　目	相続税評価額	帳 簿 価 額	備 考
B社株式	千円 70,000	千円 10,000	

第8章

特定の評価会社の評価額の算定

第6表
特定の評価会社の株式及び株式に関する権利の価額の計算明細書

（取引相場のない株式（出資）の評価明細書）

第6表　特定の評価会社の株式及び株式に関する権利の価額の計算明細書 会社名

（平成三十年一月一日以降用）

1．純資産価額方式等による価額

1株当たりの価額の計算の基となる金額	類似業種比準価額（第4表の㉖、㉗又は㉘の金額）	1株当たりの純資産価額（第5表の⑪の金額）	1株当たりの純資産価額の80%相当額（第5表の⑫の記載がある場合のその金額）
	①　円	②　円	③　円

	株式の区分	1株当たりの価額の算定方法等	1株当たりの価額
1株当たりの価額の計算	比準要素数1の会社の株式	②の金額（③の金額があるときは③の金額）と次の算式によって計算した金額とのいずれか低い方の金額 ①の金額　②の金額（③の金額があるときは③の金額） （　　円×0.25）＋（　　円×0.75）＝　　円	④　円
	株式等保有特定会社の株式	（第8表の㉗の金額）	⑤　円
	土地保有特定会社の株式	（②の金額（③の金額があるときはその金額））	⑥　円
	開業後3年未満の会社等の株式	（②の金額（③の金額があるときはその金額））	⑦　円
	開業前又は休業中の会社の株式	（②の金額）	⑧　円

		計算	修正後の株式の価額
株式の価額の修正	課税時期において配当期待権の発生している場合	株式の価額（④、⑤、⑥、⑦又は⑧）　1株当たりの配当金額 円－　　円　　銭	⑨　円
	課税時期において株式の割当てを受ける権利、株主となる権利又は株式無償交付期待権の発生している場合	株式の価額（④、⑤、⑥、⑦又は⑧（⑨があるときは⑨））　割当株式1株当たりの払込金額　1株当たりの割当株式数　1株当たりの割当株式数又は交付株式数 （　　円＋　　円×　　株）÷（1株＋　　株）	⑩　円

2．配当還元方式による価額

1株当たりの資本金等の額、発行済株式数等	直前期末の資本金等の額	直前期末の発行済株式数	直前期末の自己株式数	1株当たりの資本金等の額を50円とした場合の発行済株式数（⑪÷50円）	1株当たりの資本金等の額（⑪÷（⑫－⑬））
	⑪　千円	⑫　株	⑬　株	⑭　株	⑮　円

直前期末以前2年間の配当金額	事業年度	⑯ 年配当金額	⑰ 左のうち非経常的な配当金額	⑱ 差引経常的な年配当金額（⑯－⑰）	年平均配当金額
	直前期	千円	千円	㋑　千円	⑲（㋑＋㋺）÷2　千円
	直前々期	千円	千円	㋺　千円	

1株（50円）当たりの年配当金額	年平均配当金額（⑲）　⑭の株式数　⑳ 千円 ÷　　株 ＝　　円　　銭	（この金額が2円50銭未満の場合は2円50銭とします。）
配当還元価額	⑳の金額　⑮の金額　㉑ $\frac{\quad 円 \quad 銭}{10\%} \times \frac{\quad 円}{50円} =$　　円	㉒　円 （㉑の金額が、純資産価額方式等により計算した価額を超える場合には、純資産価額方式等により計算した価額とします。）

3．株式に関する権利の価額（1．及び2．に共通）

配当期待権	1株当たりの予想配当金額　源泉徴収されるべき所得税相当額 （　　円　　銭）－（　　円　　銭）	㉓　円　　銭
株式の割当てを受ける権利（割当株式1株当たりの価額）	⑩（配当還元方式の場合は㉒）の金額　割当株式1株当たりの払込金額 円－　　円	㉔　円
株主となる権利（割当株式1株当たりの価額）	⑩（配当還元方式の場合は㉒）の金額（課税時期後にその株主となる権利につき払い込むべき金額があるときは、その金額を控除した金額）	㉕　円
株式無償交付期待権（交付される株式1株当たりの価額）	⑩（配当還元方式の場合は㉒）の金額	㉖　円

4．株式及び株式に関する権利の価額（1．及び2．に共通）

株式の評価額	円
株式に関する権利の評価額	円（円　　銭）

1　特定の評価会社の最終的な評価額の算定方法

第6表「特定の評価会社の株式及び株式に関する権利の価額の計算明細書」は，第2表の特定の評価会社の判定の結果，特定の評価会社とされた場合に，特定の評価会社の1株当たりの最終的な評価額を記載する明細書になります。したがって，評価会社が一般の評価会社に該当する場合にはこの明細書は使用しません。なお，特定の評価会社の中でも清算中の会社については第6表を使用せず，適宜の様式により評価額を算出します。

また，株主の区分に応じて，原則的評価方式が適用される株主については純資産価額方式等により評価額を計算し，特例的評価方式が適用される株主については，開業前・休業中の会社以外の会社の場合，純資産価額方式等による評価額と配当還元方式による評価額のいずれか低い方を最終的な評価額とします。

2 原則的評価方式が適用される株主の評価額の算定

第2表における特定の評価会社の判定によって判定された特定の評価会社の種類に応じてそれぞれ以下のとおり評価額を算定します。

[特定の評価会社の評価方法]

比準要素数1の会社 (大会社・中会社・小会社)	類似業種比準価額×0.25＋純資産価額×0.75
株式等保有特定会社 (大会社・中会社・小会社)	純資産価額方式と「S_1+S_2」方式のいずれか低い金額
土地保有特定会社	純資産価額方式
開業後3年未満 比準要素数0の会社	純資産価額方式
開業前又は 休業中の会社	純資産価額方式
清算中の会社	清算分配見込額を基礎にした価額

なお，第3表と同様に配当期待権や株式の割当て等による評価額の修正が必要な場合には上記の計算によって求めた評価額の修正を行います。

特定の評価会社に該当する場合の評価額は明細書の以下の部分に記載します。

[比準要素数1の会社に該当し，類似業種比準価額1,100円，純資産価額2,000円の会社の場合]

<table>
<tr><td rowspan="8">1．純資産価額方式等による価</td><td colspan="2" rowspan="2">1株当たりの価額の計算の基となる金額</td><td>類似業種比準価額
(第4表の㉖、㉗又は㉘の金額)</td><td>1株当たりの純資産価額
(第5表の⑪の金額)</td><td>1株当たりの純資産価額の80%相当額（第5表の⑫の記載がある場合のその金額）</td></tr>
<tr><td>① 円
1,100</td><td>② 円
2,000</td><td>③ 円</td></tr>
<tr><td rowspan="6">1株当たりの価額の計算</td><td>株式の区分</td><td colspan="2">1株当たりの価額の算定方法等</td><td>1株当たりの価額</td></tr>
<tr><td>比準要素数1の会社の株式</td><td colspan="2">②の金額(③の金額があるときは③の金額)と次の算式によって計算した金額とのいずれか低い方の金額
(①の金額 1,100 円×0.25)＋(②の金額(③の金額があるときは③の金額) 2,000 円×0.75)＝1,775円</td><td>④ 円
1,775</td></tr>
<tr><td>株式等保有特定会社の株式</td><td colspan="2">(第8表の㉗の金額)</td><td>⑤ 円</td></tr>
<tr><td>土地保有特定会社の株式</td><td colspan="2">(②の金額(③の金額があるときはその金額))</td><td>⑥ 円</td></tr>
<tr><td>開業後3年未満の会社等の株式</td><td colspan="2">(②の金額(③の金額があるときはその金額))</td><td>⑦ 円</td></tr>
<tr><td>開業前又は休業中の会社の株式</td><td colspan="2">(②の金額)</td><td>⑧ 円</td></tr>
</table>

3　特例的評価方式が適用される株主の評価額の算定

第3表と同様の方法により算定します（第5章3「配当還元方式による評価額の計算」を参照のこと）。なお，「開業前・休業中の会社」または「清算中の会社」に評価会社が該当する場合には，たとえ特例的評価方式が適用される株主が取得した株式であっても，配当還元方式は適用することができないので注意が必要です。

第9章

株式等保有特定会社の評価額の算定

第7・8表
株式等保有特定会社の株式の価額の計算明細書

第７表　株式等保有特定会社の株式の価額の計算明細書

会社名

（取引相場のない株式（出資）の評価明細書）

（平成三十年一月一日以降用）

1．S₁の金額

受取配当金等収受割合の計算	事業年度	① 直前期	② 直前々期	合計(①+②)	受取配当金等収受割合 (㋑÷(㋑+㋺)) ※小数点以下３位未満切り捨て
	受取配当金等の額	千円	千円	㋑ 千円	㋩
	営業利益の金額	千円	千円	㋺ 千円	

Ⓑ－ⓑの金額	1株（50円）当たりの年配当金額（第４表のⒷ）	受取配当金等収受割合 (㋩)	ⓑ の 金 額 (③×㋩)	Ⓑ－ⓑ の 金 額 (③－④)
	③ 円 0銭		④ 円 0銭	⑤ 円 0銭
Ⓒ－ⓒの金額	1株（50円）当たりの年利益金額（第４表のⒸ）		ⓒ の 金 額 (⑥×㋩)	Ⓒ－ⓒ の 金 額 (⑥－⑦)
	⑥ 円		⑦ 円	⑧ 円

Ⓓ－ⓓの金額					
	(イ)の金額	1株（50円）当たりの純資産価額（第４表のⒹ）	直前期末の株式等の帳簿価額の合計額	直前期末の総資産価額（帳簿価額）	(イ) の 金 額 (⑨×(⑩÷⑪))
		⑨ 円	⑩ 千円	⑪ 千円	⑫ 円
	(ロ)の金額	利益積立金額 (第４表の⑬の「直前期」欄の金額)	１株当たりの資本金等の額を50円とした場合の発行済株式数 (第４表の⑤の株式数)	受取配当金等収受割合 (㋩)	(ロ) の 金 額 ((⑬÷⑭)×㋩)
		⑬ 千円	⑭ 株		⑮ 円
		ⓓの金額（⑫＋⑮）	Ⓓ－ⓓの金額（⑨－⑯）		
		⑯ 円	⑰ 円		

（注）１　㋩の割合は、１を上限とします。
　　２　⑯の金額は、Ⓓの金額（⑨の金額）を上限とします。

（類似業種比準価額の修正計算）

１株(50円)当たりの比準価額の計算

類似業種と業種目番号		(No.　　)
類似業種の株価	課税時期の属する月	月 ㋥ 円
	課税時期の属する月の前月	月 ㋭ 円
	課税時期の属する月の前々月	月 ㋬ 円
	前年平均株価	㋣ 円
	課税時期の属する月以前２年間の平均株価	㋠ 円
	A（㋥、㋭、㋬、㋣及び㋠のうち最も低いもの）	⑱ 円

比準割合の計算	区分	1株(50円)当たりの年配当金額	1株(50円)当たりの年利益金額	1株(50円)当たりの純資産価額	1株(50円)当たりの比準価額
	評価会社	(⑤) 円 0銭	(⑧) 円	(⑰) 円	⑱ × ⑲ × 0.7 ※
	類似業種	B 円 0銭	C 円	D 円	※（中会社は0.6 小会社は0.5 とします。）
	要素別比準割合	(⑤)/B ．	(⑧)/C ．	(⑰)/D ．	
	比準割合	$\frac{\frac{(⑤)}{B}+\frac{(⑧)}{C}+\frac{(⑰)}{D}}{3}$ ＝ ⑲ ．			⑳ 円 0銭

類似業種と業種目番号		(No.　　)
類似業種の株価	課税時期の属する月	月 ㋷ 円
	課税時期の属する月の前月	月 ㋦ 円
	課税時期の属する月の前々月	月 ㋸ 円
	前年平均株価	㋾ 円
	課税時期の属する月以前２年間の平均株価	㋻ 円
	A（㋷、㋦、㋸、㋾及び㋻のうち最も低いもの）	㉑ 円

比準割合の計算	区分	1株(50円)当たりの年配当金額	1株(50円)当たりの年利益金額	1株(50円)当たりの純資産価額	1株(50円)当たりの比準価額
	評価会社	(⑤) 円 0銭	(⑧) 円	(⑰) 円	㉑ × ㉒ × 0.7 ※
	類似業種	B 円 0銭	C 円	D 円	※（中会社は0.6 小会社は0.5 とします。）
	要素別比準割合	(⑤)/B ．	(⑧)/C ．	(⑰)/D ．	
	比準割合	$\frac{\frac{(⑤)}{B}+\frac{(⑧)}{C}+\frac{(⑰)}{D}}{3}$ ＝ ㉒ ．			㉓ 円 0銭

1株当たりの比準価額	比準価額（⑳と㉓とのいずれか低い方）　円　0銭 × 第４表の④の金額　円 ／ 50円	㉔ 円

比準価額の修正

直前期末の翌日から課税時期までの間に配当金交付の効力が発生した場合	比準価額(㉔)　円 － 1株当たりの配当金額　円　銭	修正比準価額 ㉕ 円
直前期末の翌日から課税時期までの間に株式の割当て等の効力が発生した場合	比準価額(㉔)(㉕があるときは㉕)（　円＋ 割当株式1株当たりの払込金額　円　銭× 1株当たりの割当株式数　株）÷（1株＋ 1株当たりの割当株式数又は交付株式数　株）	修正比準価額 ㉖ 円

第８表　株式等保有特定会社の株式の価額の計算明細書（続）

会社名

（取引相場のない株式（出資）の評価明細書）

（平成三十年一月一日以降用）

1．S_1 の金額

純資産価額（相続税評価額）の修正計算

相続税評価額による純資産価額（第５表の⑤の金額）	課税時期現在の株式等の価額の合計額　（第５表の㋑の金額）	差引（①－②）
①　千円	②　千円	③　千円
帳簿価額による純資産価額（第５表の⑥の金額）	株式等の帳簿価額の合計額（第５表の㋺＋（㋥－㋭）の金額）（注）	差引（④－⑤）
④　千円	⑤　千円	⑥　千円
評価差額に相当する金額（③－⑥）	評価差額に対する法人税額等相当額（⑦×37%）	課税時期現在の修正純資産価額（相続税評価額）（③－⑧）
⑦　千円	⑧　千円	⑨　千円
課税時期現在の発行済株式数（第５表の⑩の株式数）	課税時期現在の修正後の１株当たりの純資産価額（相続税評価額）（⑨÷⑩）	（注）　第５表の㋥及び㋭の金額に株式等以外の資産に係る金額が含まれている場合には、その金額を除いて計算します。
⑩　株	⑪　円	

１株当たりのS_1の金額の計算の基となる金額	修正後の類似業種比準価額（第７表の㉔、㉕又は㉖の金額）	修正後の１株当たりの純資産価額（相続税評価額）（⑪の金額）
	⑫　円	⑬　円

１株当たりのS_1の金額の計算

区分		１株当たりのS_1の金額の算定方法	１株当たりのS_1の金額
比準要素数１である会社のS_1の金額		⑬の金額と次の算式によって計算した金額とのいずれか低い方の金額 ⑫の金額　⑬の金額 （　円×0.25）＋（　円×0.75）＝　円	⑭　円
上記以外の会社	大会社のS_1の金額	⑫の金額と⑬の金額とのいずれか低い方の金額 （⑬の記載がないときは⑫の金額）	⑮　円
	中会社のS_1の金額	⑫と⑬とのいずれか低い方の金額　Lの割合　⑬の金額　Lの割合 〔　円×0.　〕＋〔　円×（１－0.　）〕	⑯　円
	小会社のS_1の金額	⑬の金額と次の算式によって計算した金額とのいずれか低い方の金額 ⑫の金額　⑬の金額 （　円×0.50）＋（　円×0.50）＝　円	⑰　円

2．S_2 の金額

課税時期現在の株式等の価額の合計額（第５表の㋑の金額）	株式等の帳簿価額の合計額（第５表の㋺＋（㋥－㋭）の金額）（注）	株式等に係る評価差額に相当する金額（⑱－⑲）	⑳の評価差額に対する法人税額等相当額（⑳×37%）
⑱　千円	⑲　千円	⑳　千円	㉑　千円
S_2の純資産価額相当額（⑱－㉑）	課税時期現在の発行済株式数（第５表の⑩の株式数）	S_2 の金額（㉒÷㉓）	（注）第５表の㋥及び㋭の金額に株式等以外の資産に係る金額が含まれている場合には、その金額を除いて計算します。
㉒　千円	㉓　株	㉔　円	

3．株式等保有特定会社の株式の価額

１株当たりの純資産価額（第５表の⑪の金額（第５表の⑫の金額があるときはその金額））	S_1の金額とS_2の金額との合計額（（⑭、⑮、⑯又は⑰）＋㉔）	株式等保有特定会社の株式の価額（㉕と㉖とのいずれか低い方の金額）
㉕　円	㉖　円	㉗　円

1 株式等保有特定会社の評価方式の考え方

第7･8表「株式等保有特定会社の株式の価額の計算明細書」は第2表の特定の評価会社の判定の結果，評価会社が株式等保有特定会社に該当すると判定された場合に使用します。したがって，株式等保有特定会社に該当しない場合にはこの明細書は使用しません。

株式等保有特定会社とは，その会社が有する「株式等に係る相続税評価の合計額」がその会社の「総資産に係る相続税評価額の合計額」のうちに占める割合が50%以上である会社をいいます。よって，株式等保有特定会社は一般の評価会社と比べて資産の中に占める株式等の保有割合が高いという特徴があります。このような株式等の保有割合が高い会社については上場企業の様に事業活動が正常な状態の会社とは異なる状況にあり，上場企業と比準できるような状況とはいえないことから，株式等の財産価値をよく反映できる純資産価額方式により評価することが適当であるといえます。

しかし一方で，株式等保有特定会社に該当する会社であっても，相当の規模で実態のある事業活動を営む会社も数多く存することから，株式等に係る部分については純資産価額方式，それ以外の部分については原則的評価方式で評価することも合理的であると考えられます。

よって，株式等の保有に係る部分以外の要素により計算した価額（S_1の金額）と株式等の保有に係る要素により計算した価額（S_2の金額）とに区分して，それぞれの評価額を各別に求めて，その価額の合計額をもって株式等保有特定会社の評価額として計算しているときはその計算を認めることとされています（評基通189−3）。

2　「S_1+S_2」方式による評価額の算定方法

S_1の金額は株式等保有特定会社が所有する株式等及びその株式等に係る受取配当金収入がなかったものとした場合のその株式等保有特定会社の株式を，評価会社の会社規模区分に応じた原則的評価方式により評価した金額です。この場合の会社規模区分の判定は，一般の評価会社と同様に判定し，総資産の帳簿価額から株式等の帳簿価額を控除するなどの調整は行いません。

S_2の金額は，株式等保有特定会社が所有する株式等のみを評価会社の資産とみなして，1株当たりの純資産価額に相当する金額（相続税評価額により計算した金額）によって計算した金額です。なお，この場合の純資産価額には，財産評価基本通達185ただし書（株式取得者とその同族関係者の議決権割合が50%以下である場合の80%評価）の適用はありません。

(1)　評価会社のS_1の金額

①　原則的評価方式が類似業種比準方式である場合（修正類似業種比準価額）

原則的評価方式が類似業種比準方式である場合のS_1の金額の計算は以下のとおりです。

［S_1の金額の計算式（類似業種比準方式）］

$$\text{修正類似業種比準価額} = A \times \left(\frac{\dfrac{\text{Ⓑ}-\text{ⓑ}}{B} + \dfrac{\text{Ⓒ}-\text{ⓒ}}{C} + \dfrac{\text{Ⓓ}-\text{ⓓ}}{D}}{3} \right) \times \begin{cases} 0.7 \text{（大会社の場合）} \\ 0.6 \text{（中会社の場合）} \\ 0.5 \text{（小会社の場合）} \end{cases}$$

A ……類似業種の株価

Ⓑ……評価会社の１株当たりの配当金額

Ⓒ……評価会社の１株当たりの利益金額

Ⓓ……評価会社の１株当たりの純資産価額（帳簿価額によって計算した金額）

B ……課税時期の属する年の類似業種の１株当たりの配当金額

C ……課税時期の属する年の類似業種の１株当たりの年利益金額

D ……課税時期の属する年の類似業種の１株当たりの純資産価額（帳簿価額によって計算した金額）

ⓑ＝Ⓑ×「受取配当金収受割合(注1)」

ⓒ＝Ⓒ×「受取配当金収受割合(注1)」

ⓓ＝(イ)＋(ロ)

$$(\text{イ})=\text{Ⓓ}\times\left(\frac{\text{直前期末の株式等の帳簿価額の合計額}}{\text{直前期末の総資産価額（自己株式の価額を除いた帳簿価額）}}\right)$$

$$(\text{ロ})=\left(\frac{\text{直前期末の利益積立金額(※)}}{\text{直前期末における１株当たりの資本金等の額を50円とした場合の発行済株式数}}\right)\times\text{受取配当金収受割合}$$

（※） 直前期末の利益積立金額が負の値である時には，（ロ）は０となります。

［（注１） 受取配当金収受割合の計算式］

$$\frac{\text{直前期末以前２年間の受取配当金等の額(※1)の合計額}}{\text{直前期末以前２年間の受取配当金等の額(※1)の合計額}+\text{直前期末以前２年間の営業利益(※2)の金額の合計額}}$$

（注） 上記割合が１を超える場合や営業利益がマイナスの場合には１とします。

（※１） 受取配当金は，法人から受ける剰余金の配当等（株式または出資にかかるものに限るものとし，資本金等の額の減少によるものを徐きます），利益の配当及び剰余金の分配（出資にかかるものに限ります）の合計額です。

（※２） 営業利益の額に受取配当金等の額が含まれている場合には，当該受取配当金等の額を控除します。

② 原則的評価方式が純資産価額方式である場合（修正純資産価額）

原則的評価方式が純資産価額方式である場合のS_1の金額は，株式等保有特定会社の各資産から「株式等」を除いて純資産価額方式により計算します。

［S_1の金額の計算式（純資産価額方式）］

修正純資産価額	＝	（課税時期における各資産（株式等を除く）の合計額（相続税評価））－（課税時期における各負債の合計額）－（評価差額に対する法人税額等相当額） ÷ 課税時期における発行済株式数（自己株式の数を控除します）

③ 会社規模区分ごとの１株当たりのS_1の金額の計算式

〈大会社〉

①で計算した修正類似業種比準価額

〈中会社〉

①計算した修正類似業種比準価額×Lの割合＋②で計算した修正純資産価額×（1－Lの割合）

Lの割合は，中会社の中での会社規模区分に応じて3つ（0.90・0.75・0.60）に区分されます。

〈小会社〉

①で計算した修正類似業種比準価額×0.50＋②で計算した修正純資産価額×（1－0.50）

④ 比準要素数１の会社にも該当する場合

株式等保有特定会社が「比準要素数1の会社」にも該当する場合には，会社の規模区分にかかわらず比準要素数1の会社の評価の定めに準じて計算します。

したがって，S_1の金額は，上記②で計算した修正純資産価額（80％評価不可）または，「①で計算した修正類似業種比準価額×0.25＋②で計算した修正純資産価額（80％評価不可）×（1－0.25）」のいずれか低い金額となります。

(2)　評価会社の S_2 の金額

S_2 の金額は，株式等保有特定会社の会社規模区分に関係なく，その所有する株式等について1株当たり純資産価額（相続税評価額）に準じて計算した金額により評価します。

この場合において，その保有する株式等の中に著しく低い価額で受け入れた株式等があるときには，その株式等に係る含み益は次の算式の分子の帳簿価額の合計額に加算することになっている点に注意が必要です。

［S_2 の金額の計算式］

$$S_2 = \frac{\text{株式等の相続税評価額の合計額} - \text{株式等に係る評価差額に対する法人税額等相当額}_{(※)}}{\text{課税時期における発行済株式数（自己株式を除く）}}$$

$$（※）\ \text{株式等に係る評価差額に対する法人税額等相当額} = \left\{ \text{株式等の相続税評価額の合計額} - \left(\text{株式等の帳簿価額による合計額} + \text{株式等に係る現物出資等受入れ差額} \right) \right\} \times 37\%$$

3　第 8 表　株式等保有特定会社の株式の価額の計算明細書（続）

第 8 表「株式等保有特定会社の株式の価額の計算明細書（続）」は評価会社が株式等保有特定会社である場合において，その株式の価額を「$S_1 + S_2$」方式によって評価するときに，「S_1」における純資産価額の修正計算及び 1 株当たりの S_1 の金額の計算並びに「S_2」の計算を行うために使用します。

そして，株式等保有特定会社の最終的な評価額をこの明細書を使用して求めることになります。

第10章

株式の承継方法と評価額の引下げ方法

ここまで，取引相場のない株式の評価方法についてみてきましたが，評価額の算定はあくまで相続・事業承継業務の入り口でしかありません。

実際に評価した株式をどのように後継者に承継をしていくのか，また，評価会社の株価はどのような場合に上がり，どうしたら下がるのかということを知り，お客様に相続・事業承継対策を提案することで，株価算定業務にプラスαのサービスを提供することができます。ここでは，株式の承継方法と評価額の引下げ方法の概要について触れていきます。

1　取引相場のない株式の承継方法

自社株承継の方法としては，「譲渡」，「相続」，「贈与」が考えられますが，親族内承継の場合には，ほとんどの会社が「相続」，「贈与」によって株式を承継しているのが日本の中小企業の現状だと考えられます。

その理由としては，譲渡による承継の場合，後継者側のキャッシュの負担が大きくなってしまう点や，取得価額より株価が高い場合に売却側に譲渡所得税が課される点，譲渡により現オーナーに入ってくるキャッシュについての相続税対策を改めて考えなければならない点が挙げられます。ただし，評価会社の株式の評価額が高額である会社の場合，安易に相続・贈与による承継を選択してしまうと，相続税・贈与税の税負担がいたずらに多くなるリスクや，後継者以外の相続人の遺留分を侵害してしまう恐れもあります。

そこで本項では，自社株承継を贈与・相続で行う場合のそれぞれの特徴や，贈与で行う場合の暦年課税贈与と相続時精算課税制度の留意点について検討します。

(1)　相続による承継と贈与による承継

①　相続による承継

相続による自社株承継が適しているケースとしては，例えば，現オーナーの財産が相続税の基礎控除額の範囲内になるような場合です。この場合には，基礎控除額を超える金額で暦年課税贈与を行って贈与税を支払うよりも，相続までタイミングを待てば相続税の納税が生じないため，安易に納税が生じる暦年課税贈与を行わない方が税負担の観点からのみ考えると得策といえます。

また，今後の業績の見通しが悪く，現在よりも将来の相続開始時の方が評価会社の株式の評価額が低くなることが明らかに見込まれるようなケースの場合にも，贈与による移転をしてしまうと，高い評価額にもとづいて贈与税が計算されることになるので，相続による承継の方が有利となる要因となります。

一方で，相続による承継のデメリットは，株式の承継時期を選ぶことができない点です。株式の評価は原則，課税時期の直前の決算数値をもとに算出するため，たまたま例年より業績が好調であったために株式の評価額が高くなってしまい，税負担が多くなってしまう恐れがあります。

また，遺言がないような場合には，相続人間で遺産分割協議が成立するまでは，自社株はいわゆる「準共有」の状態になり，原則として相続人間で権利行使者を1名決めなければ会社に対し権利行使することができないと解されています。そうなると，相続人間で揉めている場合には，株主総会すら満足に開催できないという事態にもなりかねないので注意が必要です。

②　贈与による承継

生前贈与による承継は，相続による承継とは異なり，承継時期を選ぶことができるため，贈与前に株価対策を行い，株価を引き下げた上で計画的に贈与を行うことが可能です。

また，贈与の場合，通常の暦年課税贈与だけではなく，相続時精算課税制度や事業承継税制を活用するという選択肢もあるので，それぞれの会社に合った承継方法を選ぶことができることもメリットとして挙げられるため，自社株承継の手法としては「相続」よりも「贈与」の方をまずは検討していくことになると考えられます。

(2)　暦年課税贈与と相続時精算課税制度による承継

①　暦年課税贈与の概要

暦年課税贈与は，その年の1月1日から12月31日までの1年の間に贈与を受けた財産の価額の合計額を基礎として税額の計算を行います。また，その年の間に何度も贈与を受けている場合や，複数人から贈与を受けている場合には，受贈者ベースで1年間の合計額を計算します。贈与税には年間110万円の基礎控除があり，この金額までの贈与であれば贈与税は課税されません。また，110万円を超える金額の贈与の場合には，贈与を受けた財産の価額から，110万円を控除した後の金額に対して税率を乗じて贈与税を計算することとなっています。

贈与を受けた年の1月1日現在で，18歳以上（令和4年4月1日以後の贈与）の者（子や孫など）が直系尊属（祖父母や父母など）から贈与を受けた財産については特例贈与財産とされ，贈与税の計算に際して特例税率を使用します。それ以外の間柄（兄弟，夫婦など）で贈与を受けた財産については一般贈与財産とされ，贈与税の計算に際しては一般税率を使用することとなっています。このように，贈与者と受贈者の間柄により2つに贈与税率が区分されており，特例贈与財産の贈与の方が一般贈与財産の贈与よりも税率が低くなっています。

また，同年に特例贈与財産と一般贈与財産の両方の贈与を受けた場合には，課税価格から基礎控除を控除した後の金額について，次の計算式により算出した金額の合計額（①＋②）がその年の贈与税額となるので注意が必要です。

① （基礎控除後×特例税率－控除額）×特例贈与財産の金額/贈与財産の合計金額

② （基礎控除後×一般税率－控除額）×一般贈与財産の金額/贈与財産の合計金額

暦年課税贈与では，相続等により財産を取得した者に対して相続開始前3年以内に贈与された財産を相続財産に加算し，その代わりに，贈与時に納付した贈与税については相続税から控除するという仕組みになっています。よって，相続開始前3年以内に自社株を後継者であり相続人である子供に贈与していても，相続財産として持ち戻しされてしまうこととなります（ただし，株式の評価額は贈与時の価額で固定されます）。

一方で，3年以内贈与の持ち戻しは相続等により財産を取得した者に限られるため，相続等により財産を取得しない者に対する贈与についてはこの規定の対象外とされています。

実行により自社株が親族内で分散してしまうという側面もあるため検討が必要ではありますが，後継者の配偶者や，孫への自社株の贈与であれば，相続開始の直前であっても相続財産として持ち戻しはせず，贈与税のみで完結することとなります。

また，孫への贈与は子供の相続を一代飛ばせることになるので，後継者の年齢が高く相続がそこまで遠くないような場合には税負担の面では有利な方法といえます。

ただし，気をつけなくてはならないのは，贈与を受ける者が法定相続人になっていなくても，遺贈で財産を取得する予定になっていたり，現オーナーを被保険者とする生命保険の死亡保険金の受取人になっている場合です。この場合には，相続等により財産を取得した者となるので，他の法定相続人と同様に3年以内贈与の持ち戻しの対象者となります。

一般的には，現オーナーの個人で保有している財産は多いが，評価会社の株式の評価額がそこまで高くないケースであれば，株価を上手にコントロールしながら暦年課税贈与により毎年少しずつ株式を贈与して税負担を抑える方法が，相続によって株式を承継する方法よりも低い税率で計算できることから有利と考えられます。

一方で，株式の評価額が高い会社については，暦年課税贈与により110万円の範囲内，または，低い税率の範囲内で贈与を行おうとした場合には，承継に途方もない年月がかかってしまいます。これを嫌って無理に短期間に多くの株式を贈与すると，後継者に多額の贈与税の負担が発生するため，相続による承継や後述の相続時精算課税制度による承継の方が有利になる可能性が高くなります。

【相続税と贈与税の税率比較】

一般贈与財産	特例贈与財産	税率	相続税の課税対象金額（法定相続分で按分後）
課税対象金額	課税対象金額		
200 万円以下	200 万円以下	10%	1,000 万円以下
300 万円以下	400 万円以下	15%	3,000 万円以下
400 万円以下	600 万円以下	20%	5,000 万円以下
600 万円以下	1,000 万円以下	30%	1 億円以下
1,000 万円以下	1,500 万円以下	40%	2 億円以下
1,500 万円以下	3,000 万円以下	45%	3 億円以下
3,000 万円以下	4,500 万円以下	50%	6 億円以下
3,000 万円超	4.500 万円超	55%	6 億円超

② 相続時精算課税制度の概要

相続時精算課税制度とは，生前贈与と相続とを一体的に捉え，生前贈与時に贈与財産に対する贈与税を支払い，将来の相続時にその贈与財産と相続財産を合計した価額をもとに計算した相続税額から，すでに支払ったその贈与税額を控除することにより，贈与税・相続税を通じた納税ができる制度です。

【相続時精算課税と暦年課税の比較】

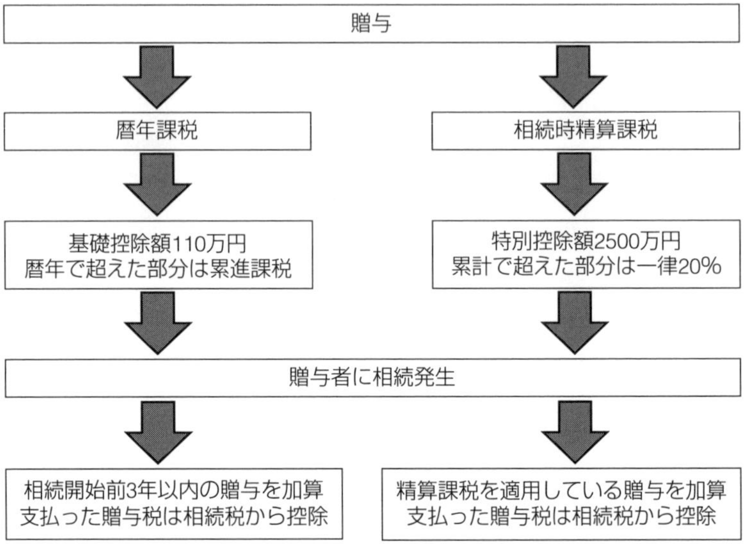

相続時精算課税制度を選択した年以降については，暦年課税贈与は併用できないため，基礎控除額の 110 万円は控除できず，選択した年分以後の贈与財産の合計額が非課税枠の 2,500 万円（特別控除額）を超えた場合には，2,500 万円を控除した後の金額に，一律20%の税率を乗じて贈与税額を算出することとなります。

適用を受けることができるのは，原則として，贈与をした年の 1 月 1 日において 60 歳以上の父母又は祖父母から，贈与を受けた年の 1 月 1 日において 18 歳（令和 4 年 4 月 1 日以後の贈与）以上の子または孫に贈与があった場合に限られるので，適用を検討するにあたり特に現オーナーの年齢については注意が必要です。

適用の対象となる財産の種類や金額，贈与回数に特に制限はありませんが，相続時精算課税を選択しようとする受贈者は，その選択に係る最初の贈与を受けた年の翌年 2 月 1 日から 3 月 15 日までの間に納税地の所轄税務署長に対して

「相続時精算課税選択届出書」を一定の書類とともに贈与税の申告書に添付して提出する必要があります。

留意点としては，暦年課税贈与の場合には相続開始前3年以内の贈与財産のみ相続財産に加算されますが，相続時精算課税の場合には，3年以内に限らず，相続時精算課税を選択した年分以降の贈与財産について全て加算することなるため，年間110万以下の贈与であっても，選択した年分以後の贈与であれば税務署への申告が必要となります。

また，相続時精算課税制度を選択した受贈者が，相続時精算課税制度に係る贈与者以外の者から暦年課税贈与を受けた財産については，基礎控除額110万円を控除し，暦年課税贈与の税率で計算することとなるので，贈与者ごとに違う制度を選択（例えば父からは相続時精算課税制度，母からは暦年課税贈与）できることとなっています。

【相続時精算課税の計算例（相続人が子供１人の場合）】

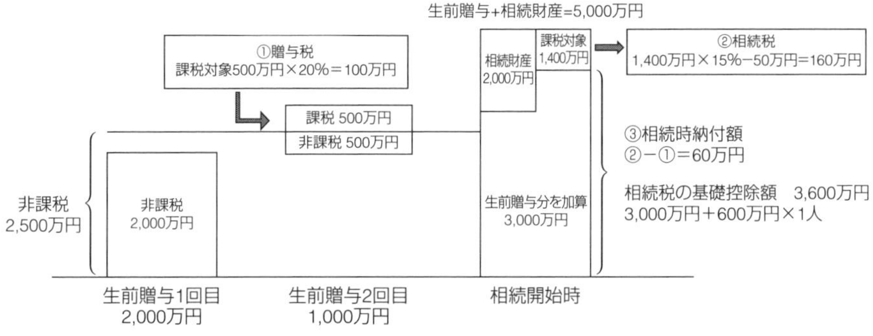

③　相続時精算課税制度のメリット・デメリット

自社株を承継する際に相続時精算課税制度を使った場合についての主なメリット・デメリットは以下のとおりですが，特に検討が必要な事項は，贈与した株式の評価額が贈与時と相続時で著しく変動するような場合です。

【自社株承継における相続時精算課税制度のメリット・デメリット】

メリット	・後継者に早期にまとまった株数の承継を少ない税負担で行うことができる。 ・相続時点で贈与された株式の評価額が上昇していても贈与時の価額で持ち戻す。 ・贈与後に会社からの配当があった場合には配当金が後継者に帰属するようになる。 ・贈与する株式の評価額が 2,500 万円を超えた場合でも一律 20%の低い税率で課税される。
デメリット	・相続時点で株式の評価額が下落もしくはゼロになったとしても贈与時の価額で計算されてしまう。 ・相続時精算課税制度を一度選択すると，その者からのその年分以後の贈与は暦年課税贈与は使えない。 ・選択した年分以後のその贈与者からの贈与はたとえ 110 万円以下でも相続財産に加算されてしまう。 ・相続放棄しても贈与を受けた財産は，相続等により取得したものとみなされてしまう。

現状，評価会社の株式の評価額が高く，暦年課税贈与では承継に相当の時間がかかるような場合には，株式の評価額の引下げを行った上で，相続時精算課税制度により後継者に贈与を行うという手法をまずは検討してみるとよいでしょう。

④　民法上の留意点

税務上は，株価を引き下げて贈与をすれば評価額は贈与時の価額で固定されるため，将来その株式の評価額が大幅に上昇しても関係ありませんが，民法上は税務上と異なる考え方をするため注意が必要です。

まず，相続人への相続開始前 10 年以内の株式の贈与は遺留分の計算上特別受益に該当するので，遺留分の計算上は生前の贈与財産を加算することになります。そして，その加算するべき金額は，贈与時の価額ではなく相続時の時価で計算されることとなっているので，例えば，贈与時の評価額が 20,000 千円で相続時は 50,000 千円となっている場合には，50,000 千円で遺留分が計算されることになります。よって，自社株をすべて後継者 1 人が贈与により承継する場合，相続財産次第では他の相続人の遺留分を侵害する可能性が高くなり，後継者と他の相続人の関係があまりうまくいっていないような場合には，遺言を作成していたとしても他の相続人が遺留分侵害額請求権を行使する可能性があることを考慮する必要があります。

また，民法改正後の遺留分侵害額請求権においては，遺留分侵害の精算は金銭の支払いによることで一本化されているので，生命保険の受取人を後継者にする等の対策でキャッシュが残るようにしておくとよいでしょう。

なお，このような遺留分の問題に対処するため，経営承継円滑化法は，「遺留分に関する民法の特例」を規定しています。この民法特例を活用すると，後継者を含めた現オーナーの推定相続人全員の合意の上で，現オーナーから後継者に贈与等された自社株について，①遺留分算定基礎財産から除外（除外合意），または，②遺留分算定基礎財産に算入する価額を合意時の時価に固定（固定合意）をすることができるので，自社株を後継者に贈与する際には民法特例もあわせて検討する必要があります。

2　取引相場のない株式の評価額の引下げ方法

取引相場のない株式の評価額は「株式数量×単価＝株式評価額」で求められます。したがって，引下げの方法としては，大きく分けて，①単価を引き下げる方法と，②所有株式数を減少させる方法の２通りがあります。ここでは主に，①単価を引き下げる方法を中心に評価明細書ごとのポイントを解説していきます。

(1)　類似業種比準方式の引下げ（第４表）

類似業種比準方式については，類似業種の株価，類似業種の１株当たりの配当金額，類似業種の１株当たりの年利益金額，類似業種の１株当たりの純資産価額は他社の数値なので動かすことができません。

ただし，類似業種の上場会社の株価が低いとき（世間的に株価が低迷している時期）を狙って贈与をすることは可能です。他にも，評価会社が複数の事業を兼業している場合には，類似業種比準価額が低くなる方の業種の取引金額を多くして評価会社が該当する業種目を変更してしまうという方法も考えられます。

また，評価会社の１株当たりの配当金額，１株当たりの利益金額，１株当たりの純資産価額の３要素については比較的コントロールがしやすいといえます。

①　１株当たりの配当金額

配当を行うこと自体は評価会社の自由であるため，特別な事情がない限りは，配当金の交付を止めてしまうことによって配当金額の要素を抑えることができます。

また，配当金額からは非経常的な配当金額が除かれるため，株価を引き下げたい期について，普通配当を減額して記念配当や特別配当として配当金を支給することが考えられます。ただし，実態として非経常的な配当が普通配当になってしまっているような場合には非経常的な配当金額として除外できないため注意が必要です。

②　１株当たりの利益金額

法人税法上の課税所得を引き下げることによって利益金額の要素を抑えることができます。具体的には以下のような対策が考えられます。

・代表者の変更などにより，役員に役員退職金を支給する。

・損金処理できる資産について評価損や処分損を計上する（不良在庫，不良債権，含み損のある有価証券，固定資産の除却等）。

・含み損のある不動産を売却する（第三者への売却でなくても，グループ法人税制の適用のない同族法人やオーナー個人への売却で可能）。

・損金性の高い商品への投資を行う（即時償却が可能な資産，オペレーティングリース等の商品）

・拠出時に損金処理が可能な退職金制度を導入する（中小企業退職金共済，確定拠出年金，養老保険等）。

・高収益部門を分社化する（事業譲渡や会社分割等を行う）。

③　１株当たりの純資産価額（帳簿価額によって計算した金額）

法人税法上の課税所得を少額またはマイナスにすることによって純資産価額の要素を抑えることができます。よって，基本的には上記②の対策と同じ対策をとることが考えられます。他にも，赤字続きで純資産がマイナスであるグループ会社を吸収合併することで，純資産価額を引き下げる効果が期待できます。ただし，合併により会社実態に変化があり，合併直後に課税期間がある場合には，類似業種比準方式による評価ができないと解されているため注意が必要です。

なお，純資産価額方式における純資産価額とは異なり，含み益が生じていても評価に影響はないため，資産価値のある損金性の高い投資等を活用した場合でも1株当たりの純資産価額（帳簿価額によって計算した金額）は引き下がることとなります。

(2)　純資産価額方式の引下げ（第5表）

1株当たりの純資産価額（相続税評価額によって評価した金額）については，相続税評価上の資産から負債を差し引いて純資産価額を算出するので，相続税評価上の資産が少なく負債が多ければ評価が下がります。

純資産価額方式の引下げで代表的な対策には，役員退職金の支給と不動産等の資産の購入が挙げられます。

役員退職金の支給は，代表取締役の交代のときなどに，役員退職金を相当額支出することによって資産を減らし（未払いの場合には負債が増加する），純資産価額を引き下げる方法です。代表取締役の交代のタイミングは株式の承継のタイミングと一致することが多いので，実務上広く使われています。

不動産等の資産の取得は，不動産等の資産の時価（購入価額）と相続税評価額の乖離を利用して，評価上含み損を作り出すことによって資産を減らし，純資産価額を引き下げる方法です。また，取得した不動産については物件を賃貸すれば借家権が生じ，土地は貸家建付地として「借地権割合×借家権割合30%」の減額，建物は貸家として「借家権割合30%」の減額をそれぞれ受けられるためさらに評価が下がります。

ただし，個人の事例ではありますが，令和4年4月19日に，相続対策の一環で取得したマンションを路線価で評価することにより相続税がゼロとなった相続税申告を認めない（評基通6項による否認）とする最高裁の判決が示されましたので今後の実務においては注意が必要でしょう。

また，法人で取得した不動産等については取得日から3年間は「通常の取引価額に相当する金額」で評価することとされているため，個人での取得とは異なり，3年間は引下げ効果が十分に得られない点についても注意が必要です。

(3) 会社規模区分の変更（第1表の2）

原則的評価方式については，一般的に純資産価額方式の方が類似業種比準方式より株価が高くなります。特に，含み益のある不動産や有価証券を多く保有している会社や，歴史のある会社で過去の内部留保は厚いが近年は業績が芳しくない会社については，特に純資産価額方式と類似業種比準方式の評価額に開きが出ます。

この場合，類似業種比準方式の構成割合を増やすことで評価額が引き下がります。会社規模区分を上位に持っていくためには以下のような対策が考えられます。

・他社を吸収合併することにより，従業員数，総資産価額，取引金額を増加させる。
・借入れにより不動産等の資産を購入することで，総資産価額を増加させる（賃料が発生する資産を購入すれば取引金額も増加する）。
・外部委託していた業務を自社で内製化することにより，人員の増員を行い，従業員数を増加させる。

(4) 特定の評価会社を外す（第2表）

土地保有特定会社，株式等保有特定会社などの「特定の評価会社」は，類似業種比準方式を採用できず，原則として純資産価額方式で評価することとされています。一般的に純資産価額方式の方が類似業種比準方式より株価が高くなるため，このような会社については，一般の評価会社として評価できるようにすることで評価額が引き下がります。特定の評価会社を外すためには以下のような対策が考えられます。

① 土地保有特定会社・株式等保有特定会社に該当する場合

・借入れ等により土地等や株式等に該当しない資産を購入する。

・土地等や株式等をオーナー家や第三者に売却する。

ただし，課税時期の前に合理的な理由もなく資産構成に変動がある場合で，それが土地保有特定会社や株式等保有特定会社と判定されるのを避ける目的と認められるときは，その資産構成の変動がなかったものとされますので注意が必要です（評基通 189）。

② 比準要素数１の会社に該当する場合

・無配当の会社の場合には配当金の交付を行うようにする。

・含み益資産を売却して利益金額の要素や，純資産価額の要素をプラスにする。

・減価償却を償却限度額まで行わずに利益を出す。

(5) 特例的評価方式（配当還元方式）の活用（第３表）

評価額の引下げとあわせて検討するべき対策として，親族外の社員等への株式の放出が考えられます。親族外の少数株主が取得した株式の評価については，配当還元方式となり通常非常に低額であるため，株式の異動が比較的実行に移しやすいといえます。

また，社員等に議決権を持ってほしくない場合には，いわゆる「種類株式」を導入して，一部の株を無議決権化するという方法が考えられます。

ただし，将来M&Aなどにより会社の売却を考えている場合には，株式を分散させてしまうと，売却の際にオーナー家に入ってくるキャッシュが少なくなるため注意が必要です。

(6) 事業承継税制の活用

事業承継税制とは，一定の要件を満たす非上場会社の株式等を，会社の後継者が，贈与または相続等により取得した場合において，その非上場株式等に係る贈与税・相続税について，一定の要件のもとその納税を猶予し，後継者の死亡等により，納税が猶予されている贈与税・相続税の納付が最終的には免除される制度です。

平成30年度の税制改正により特例措置が設けられ，2027年12月31日までの相続や贈与については，①猶予対象の株式の制限（株式総数の3分の2まで）の撤廃や，②納税猶予割合80％を100％に引上げ等の措置が講じられ，この特例措置の適用を受ければ，現経営者から後継者への贈与・相続の納税負担は100％猶予されるようになりました（特例事業承継税制）。

この特例事業承継税制の適用を受けるためには，2024年3月31日までに「特例承継計画」を都道府県庁に提出し，確認を受ける必要があります。

ただし，この事業承継税制は，事業の継続を前提とする「納税の猶予」であるので，最終的に免除となる要件を満たせない場合には，猶予の取消しのタイミングで猶予されていた税額を利子税と一緒に納める必要があります。

また，そもそも適用を受けるための要件が複雑かつ事務手続きも煩雑なので，適用を検討する会社は，通常，ある程度規模の大きい会社や，承継に伴う納税資金が用意できない会社に限られてきます。

このように，株式の評価額の引下げには色々な方法がありますが，税負担が少なくなってもキャッシュアウトが多く納税資金がなくなってしまったり，後継者に財産を集めすぎて相続人間で揉めてしまったりすると本末転倒になってしまうので，円滑かつ円満な相続・事業承継をできるように，それぞれの会社の実情に合った相続・事業承継対策を考えていく必要があります。

【著者プロフィール】

橋本　達広（はしもと　たつひろ）

［略歴］1987年静岡生まれ。横浜国立大学経営学部卒業

都内の税理士法人を経て，税理士法人おおたかにおいて，オーナー企業向けの事業承継に係る税務コンサルティングを中心として，講演や執筆など幅広い業務に従事。

現在，橋本昌幸税理士事務所・税理士

［著書等］

『顧客をミスリードしない自社株承継の実務』（税務経理協会・共著）

『目的別　相続対策選択ガイドブック』（新日本法規出版・共著）　ほか

著者との契約により検印省略

令和３年９月１日　初 版 発 行
令和４年10月20日　第２版発行

評価の手順と明細書の書き方がゼロからわかる
ヒヤリハットで身につく
取引相場のない株式評価のキホン
［第２版］

著　者　橋　本　達　広
発行者　大　坪　克　行
印刷所　美研プリンティング株式会社
製本所　牧製本印刷株式会社

発行所　〒161-0033　東京都新宿区
下落合２丁目５番13号
株式会社　**税務経理協会**
振替　00190-2-187408
電話　(03) 3953-3301（編集部）
FAX　(03) 3565-3391
(03) 3953-3325（営業部）
URL　http://www.zeikei.co.jp/

乱丁・落丁の場合は，お取替えいたします。

ISBN978－4－419－06892－9　C3034